本书惠承

乐俊民严赛虹基金会赞助出版

2025 年 6 月 第 2 期，总第 18 期

纽约一行

First Line New York
Quarterly Literary Magazine

《纽约一行》杂志编辑委员会

纽约一行

文艺季刊

First Line New York
Quarterly Literary Magazine

主编：严力

纽约一行杂志编辑委员会：

王渝　邱辛晔　冰果　张耳　曹莉　程奇逢　严力
于捷（摄影编辑）

翻译部：　梅丹理　张耳　楚鸿　李玉然

项目经理：章清

艺术作品和插图：李枪（纽约）　曾昭满（纽约）　李玉英（纽约）
羅青（台湾）　束谷一楠（北京）　林泽良（北京）
雪晓红（浙江）　岛子（纽约）严力（纽约）
张伟（北京，已故）　赵德伟（纽约）

责任编辑：　冰　寒
封 底 图：　严　力（纽约）
美编设计：　王昌华
出　　版：　易文出版社

目　录

现代诗选

子川（南京） 3
　　端午

程林（上海） 4
　　流浪狗
　　路过人民公园
　　开会

邱辛晔（纽约） 8
　　赌城二记

寒山老藤（纽约） 10
　　遗憾

云中雀（洛杉矶） 11
　　弹孔
　　夜色温良

麦子（上海） 13
　　梦是一条河

赵德伟（纽约） 15
　　梦中三问

双一（夏威夷） 17
　　行走篇

张宗子（纽约） 18
　　四月的千里江山图

Cayar（成都）..20
　琴　音

洪荒（郑州）..22
　为什么我的身体常含酒精
　发　表

陈东（天津）..24
　古格王朝
　高原之夜

湖边（加拿大）..26
　美终归是肤浅的

皮旦（安徽）..27
　趁我还有一些基本的尊重
　每一些日子都要重新适应

李莹（康州）..29
　赤裸脆感

拔牙（加州）..31
　傍晚的冥想

步姿（苏州）..32
　天真的今日
　我想独自生活

根子（华盛顿DC）..34
　当两个身体如两行琴谱叠放

左拉（加州）..36
　文　明

陈家坪（北京） 37
　　晚　钟
　　南　月

叶飙（北京） 40
　　病　中
　　生　病

袁恬（河南） 42
　　新华书店
　　拆

张铎瀚（北京） 44
　　春分曲

张楠呐（陕西） 46
　　自我意识过剩缺乏生物本能

爵蔚（纽约） 47
　　缅　街

灼华（纽约） 48
　　着　陆
　　四月的理由

章清（纽约） 50
　　吟　唱

张耳（奥林比亚） 51
　　对话的不可能

笑虹（纽约） 53
　　种花的时候
　　樱

陆健（北京） 55
　　一首诗向一首非诗求爱

郑南川（纽约） 57
　　观第五届法拉盛诗歌节艺术展 ——他与鸟

三峡老船长（纽约） 58
　　观第五届法拉盛诗歌节·诗歌与艺术的对话

李驰东（上海） 59
　　鸡鸣寺

陆渔（上海） 61
　　曲 直

杨键（马鞍山） 62
　　一粒种子
　　纪念亡友祝凤鸣

信天翁（北京） 64
　　反 馈
　　请把童年还给我

陈金茂（纽约） 69
　　老 了
　　爆米花
　　诗的琥珀 ——兼致法拉盛诗歌节

李咏成（武昌） 72
　　我们只用拇指活着

彭一田（广西北海） 76
　　地 道
　　一念间

子卿（纽约）...78
　　挽歌——为祈求你的宽恕

李占刚（上海）...82
　　透过你故居的窗口——致阿赫玛托娃

徐江（天津）...84
　　雾
　　星战时代
　　灯

董晓禾（上海）...88
　　穹顶
　　品

杨键（马鞍山）...90
　　很久以来

周德芳（纽约）...91
　　停电

石生（河南）...93
　　我其实也不想写这样的诗

星子安娜（加拿大）...94
　　在路上

杨景荣（加拿大）...95
　　乌克兰的春天只有悲歌*

天端（阿拉巴马）...97
　　你画你的生活——有感乌克兰九岁小女孩的歌声
　　《我画我的生活 》

谭越森（甘肃）...98
　　列宁的鬼魂在乌克兰

何三坡（清迈） 99
    需 要

刘虹（深圳） 100
    战争的温度——献给战火中的乌克兰

向以鲜（四川） 101
    乌克兰人物杂志

严力（纽约） 106
    不是我的……
    我以为
    筷 子

吴驾（上海） 110
    徐汇教堂
    走过四月的江堤

第五届纽约法拉盛诗歌节专题

现代诗歌原创入围作品

董晶（加州） 115
    走进冬季

海宁（纽约） 117
    乡 情

关仪（俄勒冈州） 119
    回归正常

柳扬（明尼阿波利斯） 120
    倒 立

王春芳（希腊） 121
    在克里特岛放中文歌

力夫（澳大利亚）...123
　　学海无涯苦

李曼筠（加州）...126
　　生命

袁梅（奥地利）...127
　　你好，孤独！

胡秋野（纽约）...129
　　我与时代
　　我在徽州老街寸步难行

文蓉（新泽西）...131
　　我的诗歌纪录片

鱼鸣（西雅图）...132
　　上帝的忏悔

海石一荣（纽约）...134
　　水做出来的

赵光新（纽约）...135
　　语法与标点（符号）

李丽华（纽约）...137
　　"勇气"这两个汉字·赠王小良老师

轻鸣（马里兰州）...138
　　上完解剖课

陈红韵（温哥华）...139
　　诗人们都渴望一场雪

滢滢（康州）...141
　　合欢

王键（纽约） 142
　　与多多去白沙门看海

笑渔（伊利诺伊州） 144
　　哥德巴赫猜想和情诗
　　猫头鹰

寒山老藤（纽约） 146
　　春天来了

汉诗英译入围作品

彭美沁（纽约） 147
　　最大猴子圈

Tr. Meiqin Peng (NY) 149
　　The Biggest Monkey Sphere

且增白姆 Tenzin Pelmo（西藏） 150
　　雨　天

Tr. 明迪 Ming Di (California) 151
　　Rainy Day

英汉互译

MAMA　　Yan Li（*Tr. by Denis Mair* 西雅图） 155

妈妈　　　严力（纽约） 156

祂与我同在　　　作者：艾米莉·狄金森（美国）
　　　　　　　　翻译：岩子（德国） 157

I live with Him—I see His face　　*Emily Dickinson* 158

翻译解读　密旨　朱良（上海） 159

艺术对话·诗论

李枪、严力艺术创作对谈 165

诗·意·象　彭一田（北海）.. 177

散文随笔

一天的"世界末日"　赵彦（西班牙）.. 183

旧院子　陈东（天津）.. 189

病友三章　黎权（青岛）.. 194

2025 阿姆斯特丹马勒音乐节·音乐朝圣之旅（一）
　　——与马勒大师的灵魂对话
　　张意（Eve Zhang，加州）.. 197

本期艺术家

李枪（纽约）　曾昭满（纽约）　李玉英（纽约）　羅青（台湾）

束谷一楠（北京）　林泽良（北京）　雪晓红（浙江）　岛子（纽约）

严力（纽约）　张伟（北京，已故）　赵德伟（纽约）

现代诗选

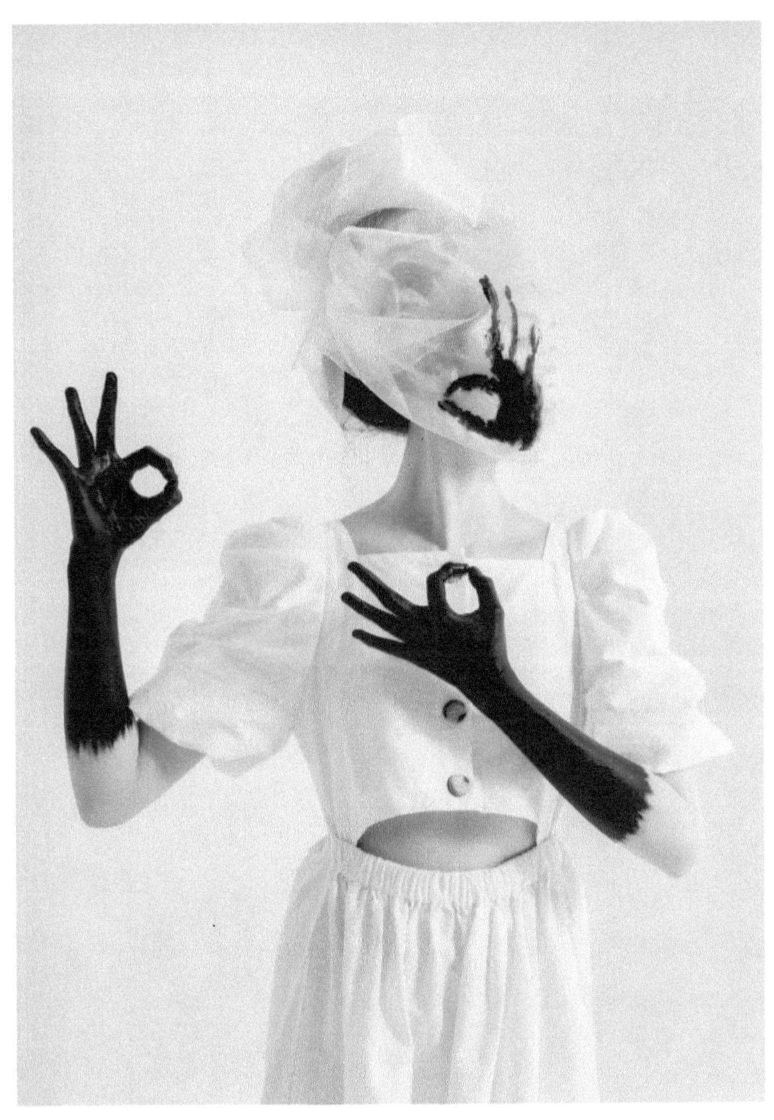

林泽良，摄影，手与言系列，2020

子川（南京）

端　午

年年绕不过
它就成了节日？
等等，还需要更多的时间
需要与之相关的人和事被时间一一擦去

那些耍龙舟的后来人
那些试图打捞过去的后来人
不知道我正看着他们的先辈与劣迹
一起消弥殆尽

我用一双血红的眼睛
盯着，似乎不可知的未来
在那里，一个节日正在泥土深处
在血与泪的重压下萌芽

诗人可以自沉
诗不会。这是希望所在

程林（上海）

流浪狗

好多人像流浪狗一样
活着，却假装有一个主人
见谁走过来
都摇着尾巴，却不敢叫
因为没有人
需要他看家护院
他的忠诚和跪舔
毫无用武之地
除了挨饿和挨打
他才哀嚎或者狂吠着
躲开他企图亲近的人群
以及尘世的喧闹和繁华
好多人像流浪狗一样
活着，却假装还有一个家

路过人民公园

人民公园里，都是人民
包括那棵法式梧桐
一个土地的忠实拥护者
除非被赶走或者被砍倒
绝不会主动离开
树上一直在议论的麻雀
最多只是永住，国籍属于天空
枝条像城市四通八达的道路
大方向是一致的，但总有些分叉的小径
树叶的脸色和财富没有关系
和地位密切相关
高处的阳光灿烂，绿得发黑
那些泛黄的，有些营养不良的都在底层
像我抬头不见低头见的邻居
人民公园里很热闹，好多活动
打着人民的旗号在进行

开 会

鸦雀无声
听惊雷，阳光灿烂
心里千军万马
窗外，浦江无声
江鸥模仿着波浪起伏
如同飞翔的音符
在耳畔忽远忽近
有时是贝多芬
有时是瞎子阿炳
有时是刀郎

浦江上的船
像新泡的茶叶
刚有点吃水的感觉
吹口气，一会儿向左
一会儿往右
每个人端坐如常
举手，放下，没意见
现在是春天
花儿在风中点头
绿叶在鼓掌

对面的陆家嘴大楼
一个比一个高
都一动不动，面无表情

只有海关大钟
敢于打断最后的发言
自言自语地
裆-裆-裆……
对于一个还有用的下属
领导是不会发火的
只能装作听不见

好，散会

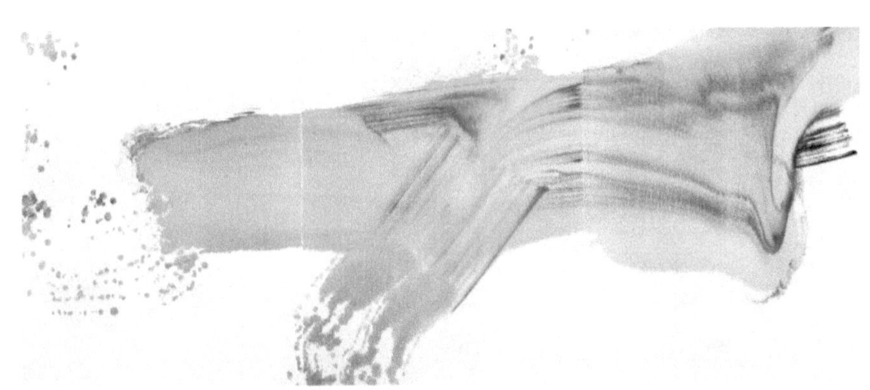

张伟，无题之一，画布、油彩

邱辛晔（纽约）

赌城二记

联 手

拉斯维加斯的 Chinatown
方方正正
距离赌城大道十英里
一座没有轮盘赌和老虎机的围城

广告说， 此地有餐厅 160 家
按摩院被统计忽略了
却时时抢入过客的眼睛
我甚至看到了按摩以学院姿态
开班的招贴
它的隔壁
是一座观音菩萨庙

一阳一阴
它们正联手拯救欲望的火焰

2025.5

Aftermath

拉斯维加斯不停吆喝着
奢华与人性的聚会
而艺术家并未全线撤退
在某酒店
有一座黄铜雕塑
他脸朝玻璃橱窗
眼睛顺着手中的扫把落地
他的一丝眼神扬到了行人的脚步
和地上的垃圾
讲述着派对后的一地鸡毛
而这雕塑的标题
Aftermath
正在为赌城每天洗牌

2025.5

寒山老藤（纽约）

遗 憾

去父亲的墓碑前
以他的视角看世界
快要抵达父亲寿命的终点线时
我这样想
父亲闭着双眼 神情松弛
似乎已不再 在乎俗世

活着的我 视角必须高于尘土
才能看清 行走的路
还是无法在同一视角看世界
这遗憾 已无法弥补

遗憾没冒昧问一句
父亲是否也有同样的遗憾
烧纸的时候 我默念一份契约
如有来世 彼此交换一次视角
遗憾没带些时尚的新口味
让父亲继续感知 时间的流动

2025 年 2 月 16 日 于纽约

云中雀（洛杉矶）

弹　孔

一扇遥远小窗
忽隐忽现
仿射形裂纹
凝固炸裂的惊叫
瞳孔欲言又止
明月，深井下石

多年后，巷底邂逅
黄昏，豆灯如昨
柔光穿过弹孔
折射出宁静碎花
照见我们
无法言语的忧伤

夜色温良

我踩上大理石琴键
音阶由低转高
鸽哨弥散在森林中
盲人抚摸一块块
僵硬，透明的补丁
隐藏着深兰色柔软瞳孔

入夜，每一块补丁
通体发光
点亮脆弱梦境
我按回巨琴中的 G 键
手指刚好触到
温良而性感的夜色

麦子（上海）

梦是一条河

梦结束的时候，现实令人恍惚，直到新的梦重新降临，那是天使给人生的吻。尽管常常，梦与现实并无不同。

今天我坐在窗前听雨，看它忽而急促忽而疏散地往下落。急促时它狂暴，是火焰将炽。疏散时它温柔，每一颗都落在荷塘深处，自然，还远未到看荷花的时候。我只是遐想。

我可以想起街上的人，如果他们个个都撑着红雨伞。也可以想象黄昏的灯，如果那光影有天空的蓝色。我籍此想到拥有的事物，它们令我疲惫。我在将要想到失去时警告自己停下。说到底，除了听雨，对近旁的事物我毫无兴趣。它们是些具体的星辰，将我限定在宇宙的流逝中。

于是我想要逃离。像一只深眠的猫，惊醒于顽童的恶作剧。

我想到那条远处的河，流水似翡翠，我便称它翡翠河。它自离海最远的地方向大海奔腾。没有人知道它在沿岸看到过什么，只有我确信，它会在海边与我重逢。曾经我们路过彼此，往后，抵不过它成为天上的雨。而我，始终在普天下所有河流的尽头等它。

　　去向源头——我将这样处理现实。回到终点——我将以此结束梦境。到此，我该回到自己起初的结论：只因梦和现实，不过是两颗同样的海水。

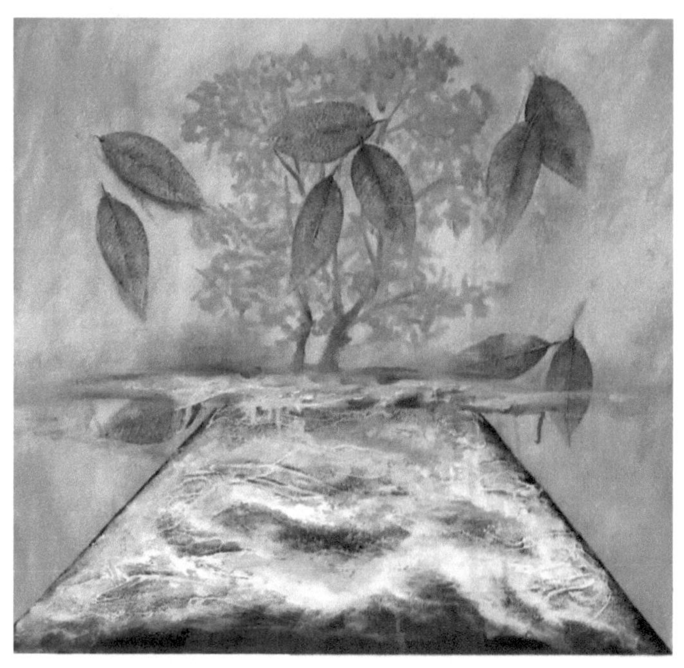

雪晓红，惠雨，综合绘画 70x70cm

赵德伟（纽约）

梦中三问

一

昨夜我熬了一锅清汤，
怕太淡，便将左手四指切成两厘米的段，
一节一节放入那滚烫的静默中。

我预先捞出指甲，怕你们看了反胃；
可你们仍是皱眉、侧头，把最后一片碎片挑出。

我以为这是爱，是体贴，是完全的给出；
你们却说：这汤，有点怪味。

我默默低头，不解释，
因为我知道——有些痛，是不能端上桌的。

二

今晨，天还未亮，我要出发，
却找不到昨夜停下的新摩托。
那是我新得的工具，新开的门，
也是我盼望骑乘远行的火焰之驹。

我绕遍巷口街角，拖着沉重的行李，
画册、诗稿、钉子与十字架，
时间像刀，逼我向前，
可我却连方向都未曾握住。

我焦急、心乱，几乎落泪。
不是因为找不到车，
而是因为我发现：我竟不确定该往哪去。

三

我坐入一圈写诗的朋友中间，
说："我做了两个梦，愿你们写成诗。"
他们面面相觑，目光停在我空空的左手，
像看见一个从梦中走出的疯子。

我顿时沉默，仿佛一只拎着断指、
丢失方向的哑鸟，
在他们的韵脚与格律之间瑟缩。

啊，你说我是你的朋友
你知道——
这一切，我是愿意的，若你真看得见。

愿我的断指成为你筵席的盐，
愿我迷失的车藏着你预备的路，
愿无人理解的梦，终在你面前成诗，
在你笔下，得着光的编排。

双一（夏威夷）

行走篇

阳光是条绳索
早晨牵我出门，傍晚牵我回家
这是我控制不了的事，但我找不到主人

在颠倒的悬浮的土地上，人与狗的界限模糊
我手脚并用，牧放虚无的羊群
而各种风中的各种气味，暗设诱惑的陷阱

为保持清醒，我必须
训练鼻子去分辨各种主义
还要训练脊背，以特定的角度
保持劳动者的平衡

我倾斜的影子，如一把镰刀
在意义的荒原上，做收割的梦

然而，还有一事我控制不了
就是身后时而升起时而下落的旗帜
那是无法隐藏的，一条名叫生活的尾巴
它屡次出卖我，可我甩不掉它

2024.07.14

张宗子（纽约）

四月的千里江山图

又一个四月来临，熟悉的天空正蹒跚着退场
春光普照的大地缓缓淌过
关隘和边城，淌过月亮和星辰疲惫的遗蜕
面具和盛气凌人的呼吸，铁锈掩盖了
历史的锋刃：历史在草丛里，锋刃在石头上
我熟悉而习惯的历史正蹒跚着远去
什么也不朝向
像穿旧的衣服被反复折叠
花朵细微的蕊丝里浸透了热情和疯狂
如果哲学是一种热情和疯狂，毁灭就是一种救赎
盘底铭文中的开天辟地
喧天鼓吹中的祭典
从蝗虫的腿上蓦然跃上马背，或者相反
英雄们在发红的草叶下躲避风雨
等待着其后无数日子宣泄性的宁静
当果实迅速退回到花心，那是我的大地山河在缓缓流淌
带着我赋予它的颜色，我的气味和柔韧的质地
以及陡然的心痛——
那些狂想和狂喜式的虚拟
我就是那个抛洒了一地墨点描绘它的人
隔着几十重大海，隔着大海的几万重青铜镜子
我就是那个背着箱子磨镜的人

把镜子磨成大海
磨成一页页字迹犹存的纸
我知道昔日那画虎的老人已经变成了虎
因为他在深夜与自己相处太久
他同样踌躇又蹒跚着离去
在四月的比任何时候都袒露的夜
如同疯子离开他的疯狂
留下更多未描绘的虎在他毗邻都城的乡村
画出天空的人会变成天空吗
画出故国千里江山的人变成自己的故国
在一抹青绿、一团水墨里
听注定将蹒跚着远去的荷花发疯般地歌唱

当时光抱着自己的影子
缓缓降落在青苔上

Cayar（成都）

琴　音

低沈的大提琴琴音 舒緩地回蕩在
巍峨教堂空曠的上方
陽光從高聳的彩色玻璃窗穿入
奄忽明滅
那是雲彩的無意回眸 生者與亡魂
刹那間的悲與喜
聖歌流泉般滑過
鬢發如霜 青絲垂肩信徒的心
低頭冥想
偶有轟隆的聲音
自天外傳來 伴隨著嘈雜
紛紛將人們圍困
此刻琴音帶人們走入寂靜

導引人們走向寂靜的方式有許多
這是其中一種
有時觀看高空一群飛鳥頡頏
傾聽一陣風聲低吟
抑或人群中款款翩躚
直至走成一片流雲
濃霧中佇立
長成一株無言的樹

你便會走入更深更遼遠的
或流動 或凝固的寂靜
甚或成為寂靜本身
在那裡
上帝將與你相遇

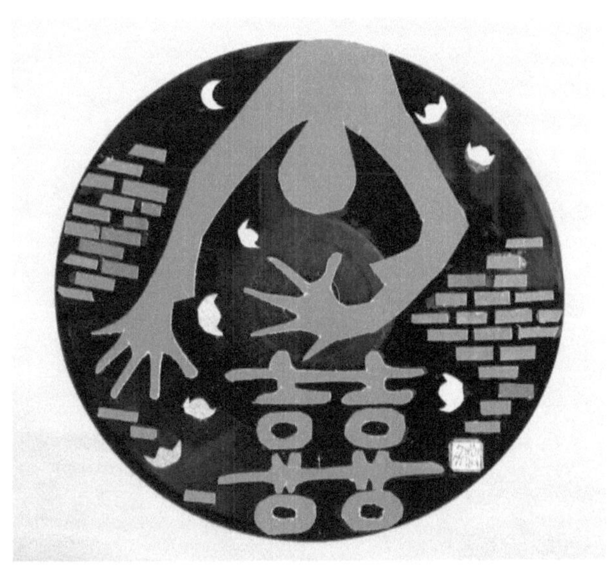

严力，人倒喜没倒，画布、丙烯。25x25cm. 2025

洪荒（郑州）

为什么我的身体常含酒精

当含量 10%
时间如流水
当含量 30%
日月之行
若出其中
当含量 53%
大漠沙如雪
当含量 63%
黄河之水天上来
遇到，经蛇蝎虎豹虫蛊
泡过的
我的身体里
爬出蛇蝎虎豹虫蛊
我看到过
一瓶人参，灵芝泡的
在我青少年时
喝掉它
为什么我身体不含毒药
常含酒精
一杯饮鸩止渴
一杯热烈如火

发　表

我早已不屑于
把作品发表在网上和纸媒（书报刊）上了
而是，随时随地
发表在墙面、石头、木头
……
天空中的白云和大地的原野
或者公共厕所里，甚至马桶上

如果，你看到
一群鸽子正好飞过
那是我对人民发表的宣言

陈东（天津）

古格王朝

象泉河浅
蹦蹦跳跳就能到对岸
但是很宽
宽得好像跳到了一千年前
河边的古格王国
披着黄土的长袍
那土和一千年前一样
随手就能从地上
捻一撮历史的粉末
层层宫殿
层层洞窟
被红卫兵砸烂的佛像
堆在一起
坦坦荡荡
表里如一
红色的壁画鲜艳如新
里面众多的人物里
有一双微笑的眼睛
眼睛里有阳光的明亮和亲切
似曾相识
好像我们刚刚在外面遇到过一样

高原之夜

狼的嚎叫
像一块飞到天上的布
把星星擦得更亮了
在群星的逆光里
远山的剪影分出了几层
层叠中的几点烛光
像遗落的几颗星星
我不再赶路
路走不完
羊粪炉熄了
两床旧被
挨着我的一面热了
也暖不过外面的冷
窗外没有了过车的声音
前面没有了住处
今夜
我住在没有灯的土屋里
成了高原的一部分
一个人
却是最不孤单的时候
从没有过的平静
从没有过的满足
从没有过的与自然亲近的荣耀
今夜
黑暗离我最近
仿佛是逼着我
变成一颗发光的寒星

湖边（加拿大）

美终归是肤浅的

面对一张纸和纸上的蚂蚁
不要轻举妄动
包括赞美
情感灵魂没有厚度
从玉碎到瓦全
并不需要曲折的转圜

由于时间的介入
那些紧张的美妙的交流
时而丰满时而清瘦
就像支撑神殿的立柱
风中的众神裸奔
牛马裸奔

触摸肌肤的手
触摸草原触摸山峰河流
这样的艳遇，姑且
称之为蜜蜂与瀑布吧
美总归是肤浅的，深入了
便血肉模糊

皮旦（安徽）

趁我还有一些基本的尊重

趁草叶和柳叶还是新的
拿它们对比一下
我的新想法
柳树满足了一部分草叶
来到空中的愿望
我尊重这样的愿望
趁我还有一些基本的尊重

2025.5.7

每一些日子都要重新适应

28

一些日子很快就没有了
接着又出现一些日子
每一些日子
都要重新适应
似乎光芒是一样的
其实也不一样
那些让人感动
双眼流泪的光芒
不是想看见就能看见
什么样的光芒
被分配在什么样的日子
是一定的

2025.4.2

李莹（康州）

赤裸脆感

镇上的春天
是从主路边上
第二大教堂的山坡开始的

紫色的番红花睁开眼睛
迎接冬天化冻的车流涕零
我们像探出河面的泪珠
欢呼着跃出车窗、钻进花杯
与它们蓄满的初雨交合
直到其它各色小花绣满草坪

320 年轮回
我从哪个海岸冲刷过来
变成它的一颗悲伤
因为 SIWANOY 印第安原住民
鱼篓中勾留的海风
还是乔治·华盛顿将军路过时
马蹄踏响的号角渺渺

走在笃定却无关去向的路上
行走的人们赤裸着
不是因为清明的雨

白眉歌鸫和格林尼治红雀
让他们的衣衫有透明的脆感

注：位于美国康涅狄格州，格林尼治镇的 Second Congregational
Church 建于 1705 年。

4/4/2025

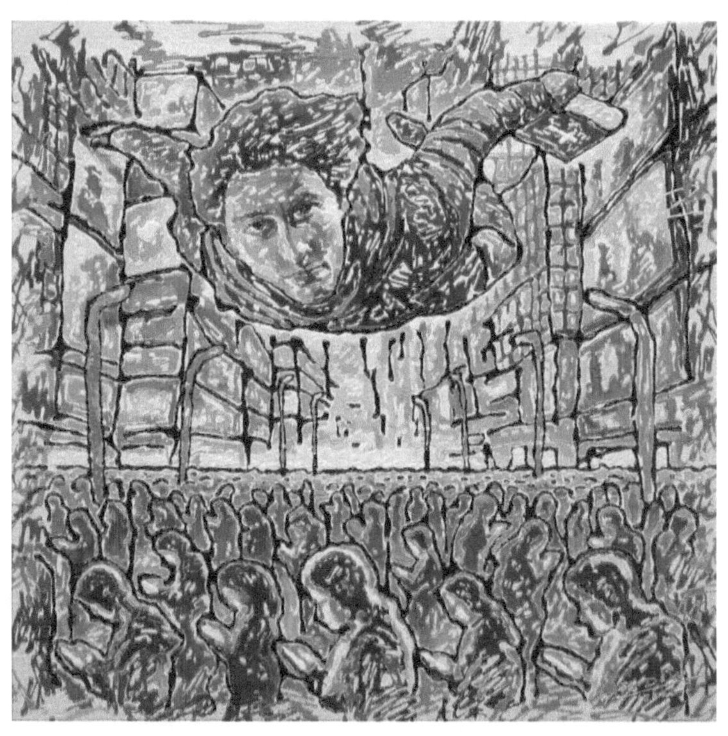

赵德伟，梦，100x100cm 亚麻布上丙烯颜料 2025

拔牙（加州）

傍晚的冥想

每一个夜晚都是一堵
耸立的高墙
将我与昨天隔断
任我呼唤
如同在隔着石头的山野里
呼唤离散的徒步同行者
寂静如死神降临时一般
浸漫

只有傍晚
是唯一的武器
能跨越这层层高墙的阻碍
因为很快就是另一个夜晚
在梦里
有田野里脚下的土路
城市里的商店和车流
街道上的灯光和人影

无数的昨天
像宽广平原上林立的
石碑或者鸟居
无奈地让这漫无边界的天地
暗淡

05/08/2025

步姿（苏州）

天真的今日

我从百年的沉睡中醒来
身体柔软的和新雪一般
风声，鸟鸣，漆黑的夜
这世间总要有点寂寞吧
性情易变，满口谎言的人类啊
在我灵魂漂泊的生涯中
宽大的心情飞出了牢笼
想到死亡的荒唐
想到一切不可思议的事情
各种表演都变得鄙俗不堪
人是一种又天真
又悲哀的动物
举起自己凌乱的猎枪
从今天起，我不再
和那愚騃的人开口说话了

2025.5.24

我想独自生活

我想独自生活
只有书籍、夜晚
与月亮的生活
独自漫步
独自用餐
独自记录时间
让我安静地单身
安静地服从自己
自然地生活
只有我一个人
像来时那样
我还喜欢
一个人的睡眠
更深刻的睡眠
在爱恨交缠的俗世中
预先枕着永恒的
那种睡眠

2025.5.1

根子（华盛顿 DC）

当两个身体如两行琴谱叠放

为追讨没有命中宫外鱼群的诱饵
我吞下每一枚
刺穿失忆上颚的钓钩
愿清澈的浅海接纳温和的鲸鲨
我宁肯即刻死于凿石的利器
而不是无眠拖网的刑求

一旦乐章之间的间歇
大于手掌的厚度
任何拂晓都得不到宽宥
所幸黄昏的肚脐是纵向的
像越狱犯的街头电话投币孔
子夜的白键本应不受虫蠹
晨祷的烛光
无望从冥界错落的黑键泄露
指尖的神权乃上苍授予
我不再信任月色
话语在那里存活太久

要安抚拨弦乐段的癫痫
需静等捉奸的曙色
从窗台探出前额

住在闹市腐草芬芳的腋窝
或可远离衰败的气候

珍视休止符笨重的坐姿吧
切记当失信的和声转亮时
从硫磺泉的赋格里
捧起比手还沉甸的鱼篓
当两个身体如两行琴谱叠放
滑腻的旋律将涂抹不掉
海豹打击乐的鼓掌节奏

每一只浮想的蚌都空了
如被刺杀的君王大张着嘴
品咂不出海风的蓄谋
在不知诺言是否隔音的曲式里
要了结一段华彩后戏
比徒手抓住误入寝宫的蝙蝠还难
我练熟了还魂海绵体的晨歌
把喝倒彩的标准音
降调到每轮醍醐的幕后

但要撬开没有焊缝的遗忘
仍须爬上口弦琴悠扬的食人孤岛
初学的冲浪人
匍匐在果冻样的浮冰上
偷袭雨林固守的沙洲

文　明

文明把我关在城市里。
透过明亮的透明的玻璃，
我看到树林。
有一小撮是绿的长着叶子，
有一大片是灰色的有着同样密密麻麻的玻璃。

文明把猫关在家里。
伸出没有爪子的爪子，
它打了个哈欠。
享受着玻璃房里的阳光，
享受着美味的猫粮，
它也许同情着大街上四处觅食的同类，
也许又在试图想起灵魂深处的某种欲望。

文明把生命关在生活里。
每一天每一刻，
生活就像一个上了发条的钟，
滴滴答答滴滴答答。
要体面的活着就要遵循钟的原则，
去做一切应该要做的规定要做的。
生命忘记了自己的存在，
生活以为他就是生命。
于是生命在生活的面具下老去。

2005.9.21.

陈家坪（北京）

晚 钟

我开始祈祷，爱情已步入晚年
我从来不会忘记流过泪的山岗
我永远不会记得瞎子走过的弯路，
路上，小男孩让我看见提着裤子的人
飘着红头巾让我看见了巨大的圈套。
你活得善良就是一尊菩萨吗？
菩萨——有没有好心肠？
菩萨能不能让我年轻——鞭炮
响起，随处可见菩萨，不怕雨淋的
石菩萨，害怕过河的泥菩萨
那些路边的菩萨，没有家
那些跪拜的人，回不了家。
笛声吹响了一个下午
傍晚，蝙蝠飞进了屋檐
废弃的村庄像古诗开采过的旧矿山
只有在饥饿的年代我们才渴望新麦。
雨衣人适合在南方生活——不
他最终将在北方的旷野度过余生。
鸟因为飞翔获得了天空
鱼因为隐藏拥有了大海。
太阳埋在哪儿？这是一个永恒的话题
太多生命，企图堆积成，太阳的形状。

即使听见枪声，也看不见子弹
在茎的根基处生长，杂草上端的叶子
被啃食——而不会，死亡。
骆驼穿越沙漠，死亡之水将它复活
从河水上岸的新娘，先跑进婚房
夫妻间，有埋葬对方的义务
谁终身在寻找一个埋他的人？
冬天，谁还在经历悲欢与离合？
分别——是他们活着唯一的理由
他们必须在死亡之前找到自己的坟墓。

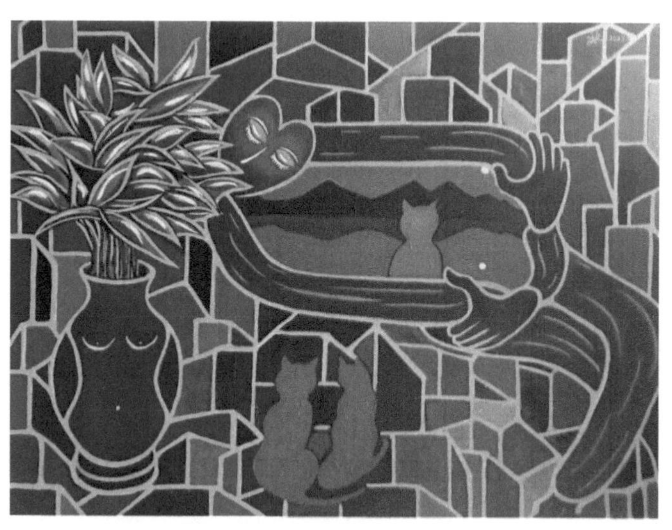

严力，体香，画布、丙烯。80x120cm. 2025

南 月

在南方的傍晚点亮油灯
迎接地里劳作归来的人们
妈妈，我不再为辛劳忧心。
银河一端将传来什么信息
妹妹爱美省下多少零用钱
爷爷和猪，一起晒太阳，
明媚春光，睁不开双眼
春暖总是洪水淹没了庄稼
收获总是暴雨冲走了粮食，
人们以不同的方式离开了
一年四季枯涸的水井。
是闪电跳入河水之中
是鱼在开口传唱，
语言跟阳光一起撒下来
语言跟风一起四处寻找。
咚咚，去寻找另一个人
另一个，世界的源头。
是谁在夜里从家门前走过？
是谁在家里无人时走进家门？
梨花开一夜，天亮了落在地上。
痛苦是必要的，绝望是必要的
记住人们睡梦中的微笑，
哭吧，为死者不能再死一次
为活着的人们已忘记了死亡。

叶飙（北京）

病 中

橘猫，灶台的小洞取完暖，
跑出来，一鼻子黑黑的锅灰。
一只蜘蛛，从柴房爬到厨房。
透光瓦射进冬日阳光。它在房梁慌张织网。
在梦中，那里曾盘旋一条巨龙，
洪水和闪电，从屋顶轰隆而过。

一位女巫拿出一副碗筷。
筷子伸进缸中，沾点沁凉的山泉水。
它们相互依靠，站稳在碗中。
屋外，一缕魂魄青山间奔跑。
松针仍然是绿的，被它的脚尖轻点。
洁白的碗装上最洁白的米。

接近黄昏，追逐的戏剧在上演。
此时，吃米的鸡、鸭、鹅，已经回笼。
洁白的米洒出去，落在斜坡、池水、田间。
一些透明的躯体从后山冒出来。
它们知道，一旦夜晚来临，
调皮的魂魄将会找不到回家的小路。

生　病

通往菜园的山径，
长了野漆树、荨麻。
毛毛虫叶子上蠕动，
透过密集且细长的脚，
看到鲜红碧绿的肚皮。

山腰旁边一堆干草，
遮住黑漆漆的红薯洞。
潮湿泥土窜过千足虫，
藏进红薯堆。感到害怕
但还是一个个装簸箕。

历险与丰收让人喜悦。
晚上突然全身发痒。
不规则的块状红包，
让你镜子前好奇自己，
唯独背部怎么扭腰都看不见。

拉上窗帘涂上沁凉膏药。
屏幕点点雪花消逝。
徐子陵抑或寇仲，
刚学会轻功，脚点叶片飞翔。
半夜，飞进少年的梦中。

袁恬（河南）

新华书店

在此看书，陪伴在我周遭的
是一些低着头、黑色简笔画似的人
沉默得像雨林植物
环卫、交通协管员、司机、保姆……
多是一天打几份工
从一个家庭到另一个家庭
一个垃圾站到另一个
大街上，人潮正划出彩色的弧线
这衔接的时段，无处安放的睡眠碎片
如一朵云，将一整天的疲惫收纳
灯光和暖气让书架上知识散发的温馨
成为一种更实际的安慰：
他们来此并不看书
只是想找个座位
一个免费的座位
静静地划上一会儿手机
幸运的话，坐在窗边
背景是
天空——一切对立的蔚蓝敌人

拆

拆礼物的淡绿色包装
拆一本新书的塑封
一张新买的唱片
拆某种
日常性和永久性之间的薄膜
不知道，它们哪些会存留到下个月、
明年、下个世纪
——作为今天的遗物
触摸，新鲜的印刷物
腾溢着欣悦的未知
也聚集着占有一样事物的不安
哪怕是拆开一盒药
我确信，我承担着
向某条时间射线的明亮一跃

张铎瀚（北京）

春分曲

昨夜我看月亮，会想到
你，就觉得月亮又干净
又灰蒙蒙。收到你信
那天正是春分，客厅里
播放五八年版的
《楢山节考》——
山神降罪时，幽粉的
天空在村民脸上迫降，
真是好鬼浪漫。
没人敢真正"告别"
大家都企图再见。
道别的话虽带有一了百了
的况味；重逢
和初遇却不像是两样东西。
击鼓声听绝，还觉得闷
如何拥有和睦的心肠呢？
人说春分万物生，可
没有下雨。新闻里
乍到的雨寒足以冻死热带
深处的一村人，
季候里，代代人
也就如此被折叠

——春天在哪里？
而所幸日月皆向晚
玉兰花在昼一半，郁金香
是夜一半。

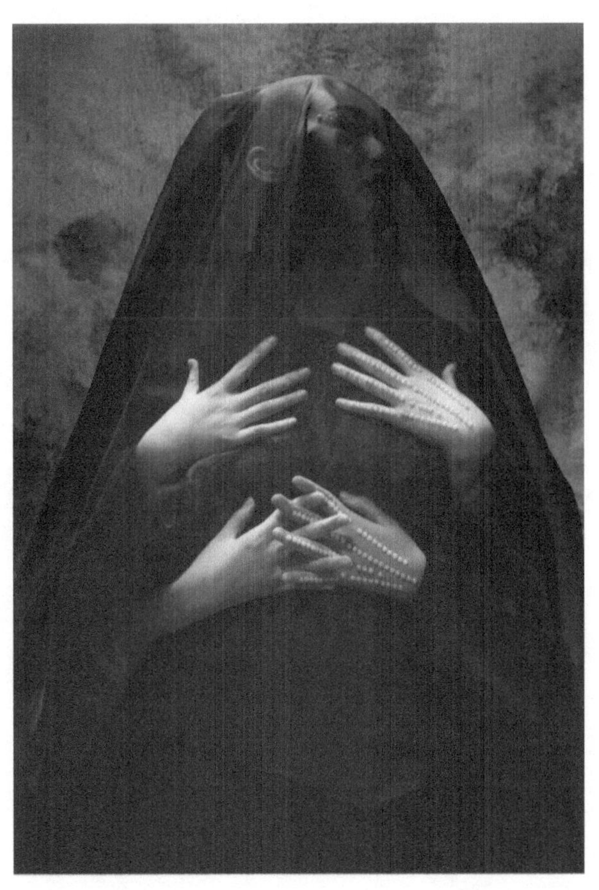

林泽良，摄影，手与言系列，2020

张楠呐（陕西）

自我意识过剩缺乏生物本能

对食物提不起兴趣。前一晚
我往你脸上涂抹淡黄色鲜奶油
像个倦怠的漆匠
四处静止的柔光中
我们交换一种坦然的沉默
这是永无坍缩的梦正要醒来我
头顶梗起呜呜的铁，不能够——
比墙壁更麻木，错误总之顽固：
我长成一棵不再年幼的枣树，从夏天游荡回来
染上锈病和尺蠖，满是无所谓地
等你纠正
快十一年了
你走后我编织这场浑浊、漫长的清醒
跟人们交流、交流，直到周围布满
虚拟而坚硬的雪球、那不曾休止的虚假自体
充斥塑胶盆栽、不锈钢与自娱之味
现在我的身体是镜子，洁净、迅速
批量制造群居的假象
这个时代要"风"，不要"风感"
我不能同时练习"死亡"与"遗忘死亡"

爵蔚（纽约）

缅　街

缅街（Main Street），法拉盛图书馆指北
向南。左边是皇后学院，右边是犹太公墓
春天，花瓣把肉体生命一组组刻成
时间片段。在墓碑上与书页上，有同一个
记事薄里的阳光。可它们却不是同一个
片段，更不具有相同的纹理与理念

阳光在皇后学院里可以是发声的图像
在墓碑上可以是墓碑的源头，也可以是
躯体间的情感。它是钟声里的一块
生命掩体，没有更多修辞
缅街便成名于华人。今日的墓碑，
是阳光的几枚找零，等候着再次集结

缅街（Main Street），唐人街的一副
扁担。茂盛的里程碑，鲜花轮番加冕
爱情在缅街一簇簇结垢，并徒步迁徙
流动的情感渐次风化
站在缅街上审读美国，请不要生成美学
这里，有上帝的投影在压轴

2025. 3. 21

灼华（纽约）

着　陆

从无奈的冬眠中苏醒，
模糊的季节
在千万人的窗外无声
呐喊。玫瑰之后，
春天在我洁净的桌面
着陆

　　　　—— 全美多地的 Hands-Off 游行有感

2025. 4. 6

四月的理由

49

四月有雨，为
残冬最后抹一次眼角

有风，携目送走
干冷的背影
拍打沾绿的棉衫

有玉兰，为
接住阳光喷洒的善意
松开警惕的拳头

四月有诗
漂流了三千年的兴奋
在毗邻今天的驿站歇脚
一个激情的漩涡后
卷走了世界的杂音
流向没有编号的纪元

四月出生的情绪，是
人类的原生心智
无法向人工智能透露的
永恒秘密

章清（纽约）

吟　唱

梧桐树上的风筝，
以为自己装了一枚太阳能电池，
以摇摆的姿式，持续保持着静默！
那根随风飘逸的尾巴，
像穿透薄膜之后，
迅速的穿梭在人群里的科蚪，
想一跃之后就变身成青娃，
风把自己关上了开关！

让往事像到岸的摆渡船，
非黑即白举着欢迎无常的召牌，
风筝像吊死鬼一样纹丝不动！
亡者的密码在放飞者手里，
继续滴滴哒哒！

2025.4.

张耳（奥林比亚）

对话的不可能

一滴
海，　从一滴开始

一滴水，一声涛
Hello 再 Goodbye，她在键盘上问
美国口音，岸边阳伞底下，黝黑额头
烙上旁观者、租赁者身份
浪花，只有浪花
相信未来会是另外一种
青烟焚烧。直升机轰鸣一连串报道
汽艇向左，鹈鹕向右，在各自位置上
对话的不可能，而说对峙却也不成立：
Hello and Goodbye，她微笑着在

蒙蒙雾气中闪光，在
医疗器具上轻轻升起于
原创的 21 世纪、原创的诗和歌
通讯卫星丰裕地堕落于重力
却又不得不站起来
防卫保全自己世纪风韵荒蛮
Tesla X 型开过来炫理念、炫标准身材
20、19、18、17、16

青春梦飘过纹入头皮，整容不包括
平权还有其他美好的前途黝黑
19，18、17、16、15 家家
"酒肉臭"，朱门玄关

本色停在小学生的课本里。请对下联
再标准地上下微笑
夹在眉梢嘴角，白糖绵绵
黄沙绵绵，泰山太行山
山东山西，河南河北
黄河道一马平川

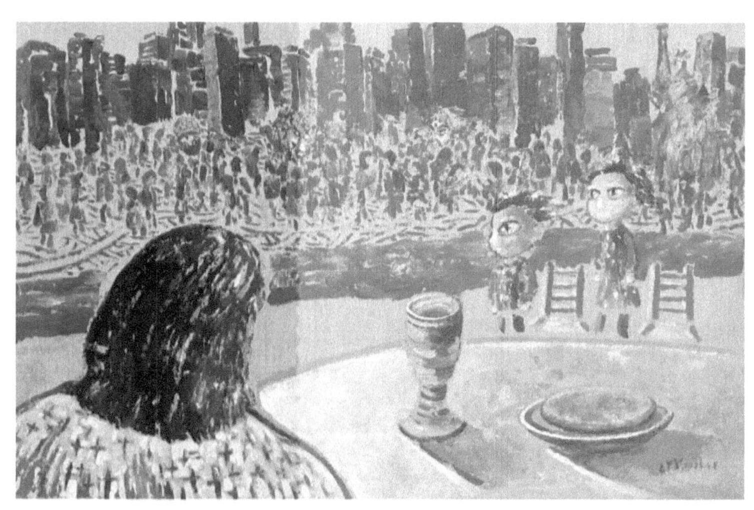

李玉英，宴席，布面丙炳，60x90cm，2025

笑虹（纽约）

种花的时候

指尖的直觉
走不出春天的迷宫
一种远比什么什么的东西
偷袭了我

所有的绿，怀孕了
缘于荒芜之上的低音男

悬崖已平躺在小山坡
微微隆起的小腹
什么什么的意像没过波光粼粼的沙漠
映出臂弯曾经勾勒的阴影
被遗忘在沉默的 裂隙中

樱

她们的出没，是荒凉与画笔的交锋

整条街泡在粉红的耳语里
一瓣，就足够缝合一个冬天

风撕开她的裙子
她挖空风的心思

其实，一起抵达的，远不止暧昧
从线条的各种姿势里
都能找到放飞自我的蛛丝马迹

我不怀疑风的取向
总是从粉色的，轻盈的，柔软的内部
撑开涟漪

陆健（北京）

一首诗向一首非诗求爱

一首诗向一首非诗求爱
非诗看不懂，走走停停

非诗刚刚长成半首非诗
他从不捯饬自己
非诗充满少年的野性
他的血唱着你感觉刺耳的歌

地球是圆的。可地球
对于一个人
属于不规则的地理区域
面积有限。他前行
书包总朝向后面的路
让喘气追赶的大叔叹气摇头

你要规范一首、打扮一首非诗
就是在亵渎一首非诗

你的现实主义，浪漫派和象征
压根拿他没办法

就像他要把自己
圈进一个句号里他

自己也没门
只能把自己抛出去

你想用汉语写作英文诗
你写去好了，没人拦着

一首诗拿着尺子，比划着
你嚷嚷噢我的尾巴哪去了
你尽管嚷嚷

你要量非诗的鼻梁
和三围的比例
非诗说我是个正常的男性
你的行为不就成嘴脸了吗？
妥妥是一个虚词

2025.5.6.

郑南川（纽约）

观第五届法拉盛诗歌节艺术展
——他与鸟

打开的窗，是鸟的
远方。而鸟儿的灵魂
是男人欲念的
翅膀。如果给他
一次机会
他会做大山
亲吻白云，让感动
成雨淋，永注

同撑一把伞

2025.4.17.

三峡老船长（纽约）

观第五届法拉盛诗歌节·诗歌与艺术的对话

颜料干涸在银行账户褶皱里
艺术家们用信用卡
把星空切分成比特币进行一场梦的游戏

变性的子宫试图培养热搜的胚胎
拍卖槌敲响宣告第七次镀金流产

画框戴上防伪项圈
在区块链产房
用莫奈的睡莲兑换
无菌试管里的流量

在当代艺术史的手术台上
所有
颜料管正批量呕吐

2025.4.17

李驰东（上海）

鸡鸣寺

慢慢的，雪几乎没有越过
长江这条线。
她告诉我，如果下雪
我就可以飞走
她不会怪我。

这里的停顿
让我有了失联的感觉。

肉体和精神
双重的牢笼
我把铁棒磨进了故事
秉烛夜读，又从厚厚的书页之中
找回这根针

只是因为路边樱花烂漫
春天骨子里的白
才引起大地彻夜讨论不息

异常迟钝的尖锐
是我爬上古城墙
捕捉到的复杂情感

啊，我的身体一分为二

一半在玄武湖虚掷
另一半需要粘合城墙的米汁
帮我渡过人生难关

需要更多的芦苇
递给江上漂浮之人

她不会出现了
融化之后，一缕梅的幽香。

2025. 5. 3

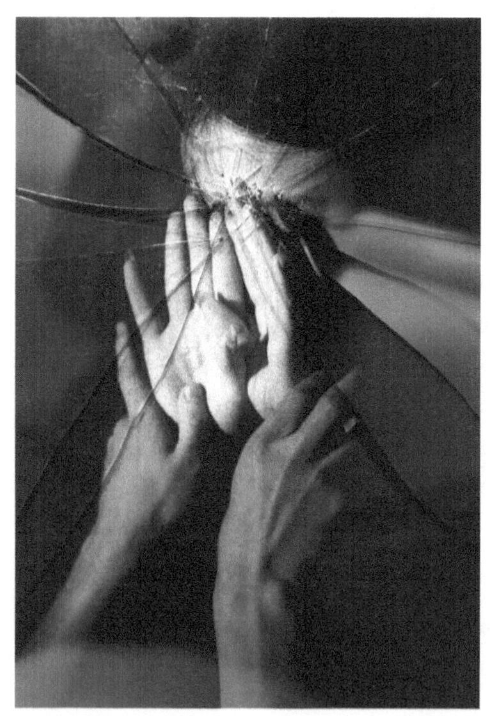

束谷一楠，摄影，破茧系列，2021

陆渔（上海）

61

曲　直

直的当然好
痛快
曲的，要看弧度
是否漂亮

做了大半辈子伪证
似乎，什么底线
都能接受

听说，春天又要来了
我提前泡好了
一杯明前的龙井
假装写诗

真不知道
这人间
是否还需要曲直

2025.4.

杨键（马鞍山）

一粒种子

香炉里只剩下灰了，
他们说，不要声张。

你沉入江底去救一个字，
至今没有回来。

为了真身你得赎身，
无论什么代价。

你奄奄一息，
有第一等襟怀。

纪念亡友祝凤鸣

63

亲爱的友人，在你去世之前我就跟你说过，

人无非就是顶骨、枕骨、颞骨、听小骨，
上颌骨、下颌骨，
胸骨、肋骨，锁骨，
颈椎、胸椎、腰椎、骶椎，尾推，
髂骨、耻骨、坐骨，
肩胛骨、肱骨干、尺桡骨、腕骨、掌骨、指骨，
股骨干、髌骨、胫腓骨、跗骨、跖骨、趾骨，
人无非就是这些。

亲爱的友人，放下这些，跟着最强的光，去吧。

信天翁（北京）

反　馈

我从耳顺之年退回，
脱下名字，脱下经验，脱下庄重，
松开时间的扣子，
梦开始倒流，像河水忘记了下游。

牙齿悄悄告别，声音随之散落，
语言回到未被发明的时候。
思想不再奔跑，在体内兜圈，
像一只猫，睡进自己的尾巴里。
我梦见自己是果核，是卵石，
是灯未点燃前的油。

时间从皮肤下褪去，
日子倒着开花，季节抽回枝头。
我学着往回走，
从签字笔走回蜡笔，
从算盘走回跳绳，
从会议桌走回树上，
倒挂着头，与风拌嘴。

我把逻辑藏进抽屉，
把哲学折成纸飞机，

一边飞，一边喊：
"存在，不过是条毛毛虫，
你信不信，哪天它还会
变成一个笑话。"

世界笑了，
笑得云掉下来，
落在我肩头问："你怎么也这么软？"
我说："因为不再扛着意义。"

越是人群向前挤，
我越爱蹲下来，
和影子玩剪刀石头布，
输了一整天，
也没觉得遗憾。

我把烦恼系上气球，
任它飘，飘过屋顶，飘过记忆，
最后变成天边不归的一滴雨。

晚上我躺在草地，
不看星星，不许愿，
只听梦翻身的声音，
听云慢慢讲着故事。
那一刻我明白了——
人活到最后，
变老了，
要悄悄学会

像孩子一样，
不用理由地存在。

有人笑着叫我"老顽童"，
我就藏进笑声背后
用手理顺长寿眉，
假装不懂，
因为这世道啊，
懂得越多，
就越不如一场，
痛快的滑梯梦。

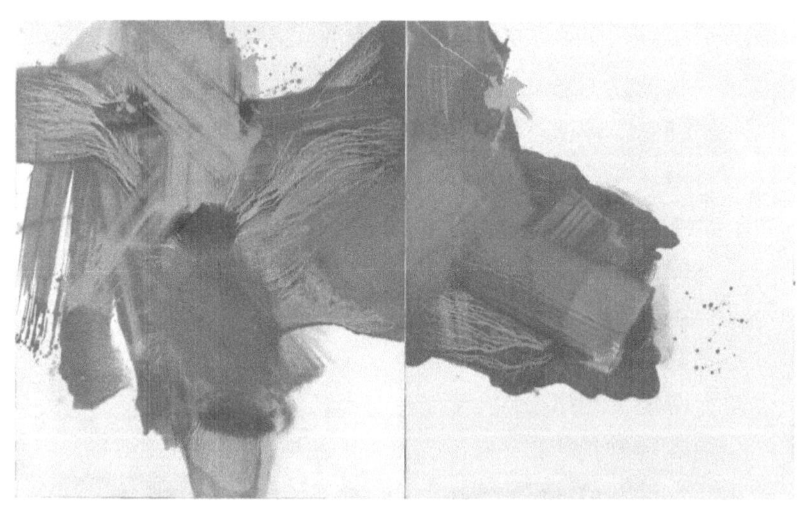

张伟，无题之二。画布、油彩

请把童年还给我

今天，我六岁，
从白发里走出来，
站在微风中，轻声说：

请把我的膝盖还给我，
那双摔不疼、跑不累的腿，
一蹬地，春天就醒了。

请把我的眼睛还给我，
能看见蚂蚁排队、星星说话，
还能看见大人心里藏着的果蜜。

还我那只大黑狗，
它听得懂梦话，
也记得我放过的小松鼠。

还我弹弓、冰车、纸飞机，
还我打湿的鞋、淋雨的帽檐，
还有装满星星的裤兜。

请把那只小白兔还给我，
它咀嚼的声音，
清脆得像窗台上滴落的雨。

请把我的心脏还给我，
为一颗糖就跳，
为一朵云就疼。

还我那本卷了角的童话书，
每一页都是一扇小门，
通向渴望长大的梦境。

请把童年的血液还给我，
它滚烫，鲜亮，
一滴，就能照亮黄昏。

还我那些雨、风、蝉鸣、泥巴，
还我不怕黑的夜晚，
不识愁的清晨。

请统统还给我——
我要轻灵一点，再轻灵一点，
活成一枚会飞的叶子。

今天，我六岁，
坐在时间之外，
把童年，一样一样叫回来。

2025 年 6 月 1 日

　　已经六十一岁了，童年不可能回来，可我还是借六一儿童节之名向岁月索要。

　　愿我们这些六零后仍能记得那个年代，一颗糖有多难得，一颗糖有多甜。

陈金茂（纽约）

老　了

老了，一张松弛的弓
弯曲着腰身
被挂在了陈旧的墙壁上

老了，一只耷拉着
翅膀的鹰，站在悬崖边
任风吹起灰白的羽毛

老了，一条盲了
双目的蛇
在绿草丛中缓缓爬行

老了老了，那张弓
却依然想一箭
射落空中翱翔的鹰

老了老了，那只鹰
却依然想用双爪
紧紧钳住扭动的蛇

老了老了，那条蛇
却依然想象
自己是一道犀利的闪电

爆米花

那时候的街头没有肯德基
我和一脸黑灰的师傅
站在烟雾边缘

砰一声巨响，世界安静了
然后就
蓬蓬松松　软软甜甜地
落回我的手心

呵，那味道
是不需要糖的童话
是课本夹不住的放学时光

如今走在街头，又闻到
熟悉的香气，一回头　童年
正站在风里等我

爆米花，不是花
却开在我最纯真的年华里

诗的琥珀

——兼致法拉盛诗歌节

玻璃杯底的指纹在融化
候鸟南飞时，你正剥离我
渐老的瞳孔，化作另一枚冰块——
轻轻散出柠檬草的味道

你带走了我三分之二的阴影
而我，在正午的钟摆下
继续玩耳朵与眼睛的通感游戏
为体内尚未成形的诗篇
推敲一个轻盈的名字

当暮色溶解了所有镜子
我们交换彼此残缺的弧度
像两滴水珠，同时坠入
沙漏底部，重新凝结为
一枚完整而透明的琥珀

2025 年 4 月 12 日下午 3:46

附言：在法拉盛第五届诗歌节揭晓之际，谨以此诗致敬所有获奖诗人。

李咏成（武昌）

我们只用拇指活着

1

朋友圈里，张三在上班，李四在旅游
小学班上最胆小的女同学，在化疗

这个世界是冰冷的

只有你十年前递过来的那杯茶
在屏幕背后微微发热

2

朋友都老了
抚摸屏幕上的皮肤，依然光滑

往事总在刷新，磨去了皱褶

3

昨天又删去一个朋友，另一个世界
不在服务区

总有一些安静，不宜打扰

4

刷到小孙女的照片，她趴在我的怀里
像一滴泪，趴在我的眼角

小孙女是来看我的
也是来送我的

5

视频里朋友在饭桌上争论时局
看脸红脖子粗的架势，他们是认真的

一个朋友吐出一口假酒
说了声：我操！

6

俄乌战争成了两个朋友的战争
他们谁也赢不了谁

其实他们也赢不了自己

7

印度的火车又出轨了
好像司空见惯

一个明星又出轨了
好像也司空见惯

我们反复讨论火车和人的问题
从来不怀疑铁轨

8

你是不是也刷到我了

你刷到的嬉笑怒骂
都不是我

9

快 90 岁的老岳母也发朋友圈
茄子涨价了
排骨涨价了
豆油也涨价了……

什么都在涨
只有我们的五根指头消失了四根

我们只用拇指活着

羅青，2024 地球戰國時代系列之一，月異星邪花詭笑——>

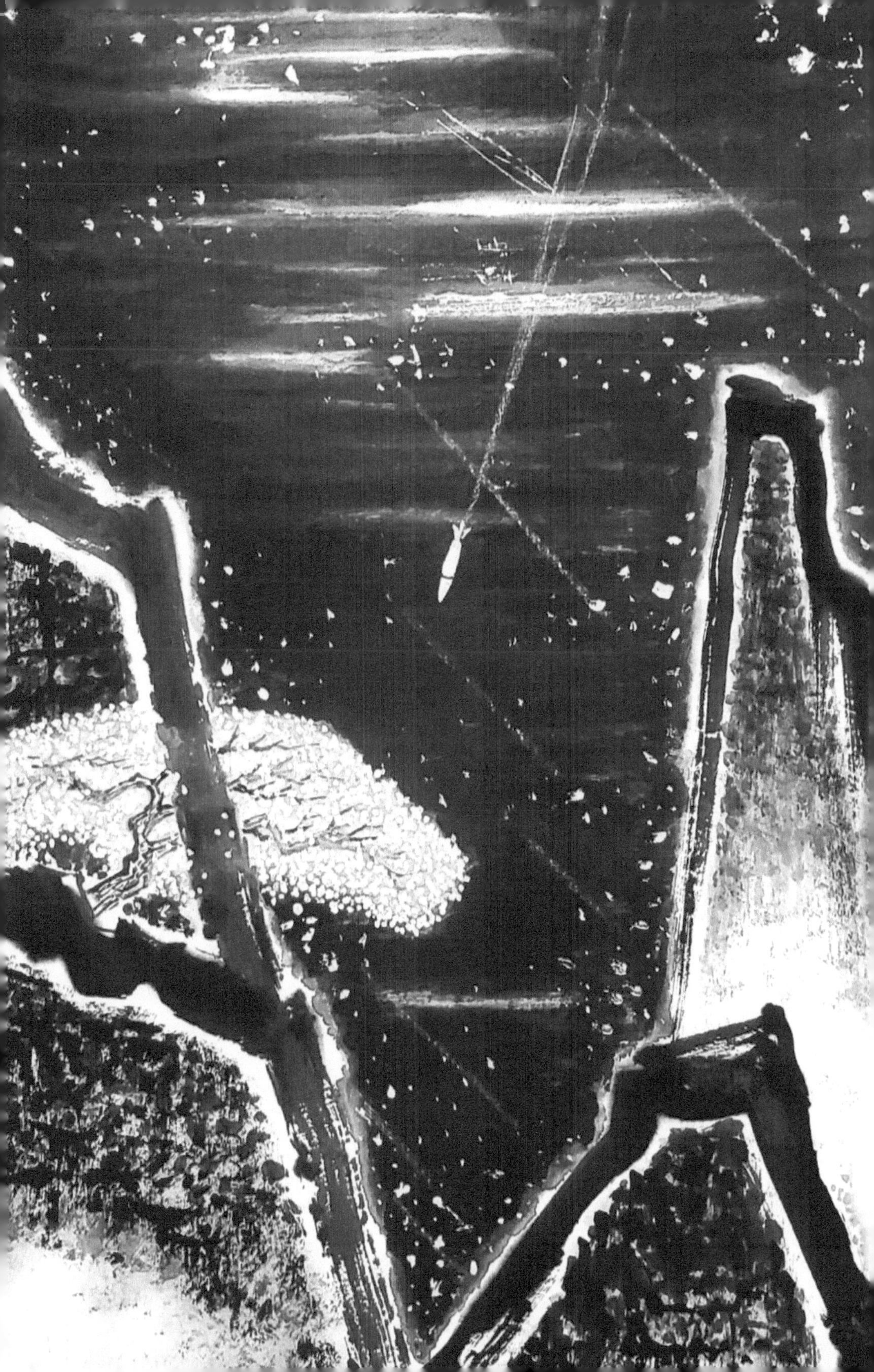

彭一田（广西北海）

地　道

世界已然寂静。
不同的喘息退隐人间
生存即埋葬。
"我们敲开果壳剥出时间，教它奔跑" *
海水到山陵，哑行者不停步
却从未寻找出口
无须春风，我的悲悯写在无人处。
而地面在喧哗
"凡所有相皆虚妄"之同时
寻求鲜花的供养。地道亦不是地下铁
习惯摸黑自语，无须注意窥探者
其场景和故乡并无二致
无分别心
无人惦记写信。

*系策兰诗句。

2024.1.12

一念间

进山
独坐崖上，将心头明月放逐
从无人处得来的光
格外安静。
且放牧，一滴具体的水
遇见每一种植物，都是与自己的久别重逢
未来，正是由一个个当下组成的
细处闻先知。
风，又凑了上来
它老是犯下指点江山的病症
风非风，假名为风
转身是新生。
草树摇晃，群山寂静
偶尔划过的鸟翼，缝合了草雾界别
此际云崖浑然
无我。

2024.8.17

子卿（纽约）

挽歌
　　——为祈求你的宽恕

（一）

一棵树
站着，朝向另一棵
四围森林化为乌有

辨认我——
你的指纹
你前世的妹妹
那梦呓的不伦之夜
枕头、焰火与割礼
我的秘密只向你敞开

不仅仅是我
是马冲锋的速度、叛乱的火
是埋葬群星的深山
打开便无法结束的书
是铁网与鸟之间
罂粟花聚集的王朝
是永远下大雪的远方
是尽头

（二）

我与你
远方与远方
尽头与尽头
被死死绑在人间同一个马桩
噢，家——
大雾中的孤岛
居住着整个人类
比母亲的白发更令人迷惘

你多像一座荒寂的寺院
坐落在岁月的阴影里
北风夜夜刮过山岗
你醒着，望着窗外
沉默中有多少沧海桑田

为何你是我心尖上的痛
当我轻抚你的白发
两千年的清风穿过指缝
使火热的爱无处驻留

（三）

告别的鞋在狂奔
热带密林的女儿
根脉何等充盈——
蓄满种族的力量与屈辱
发出子弹的尖叫

收留我吧，在空中
你色彩的激流奔涌而去
席卷我远走他乡
看啦，肉中的百合盛开
向我敞开一座天堂

摊开你赤诚的手
老茧，上帝心酸的吻痕
多少丰收压弯你的脊梁
多少热土饱吸我的死亡

天地苍苍，鸦群掠过上空
婚榻上的爱侣
两堆燃尽的柴薪
焦土连着焦土……

（四）

不止这些，还有
悲愤的奴隶
委屈的修女
威严的教主
他们手挽手穿过刺鼻的硝烟
踏进我的咽喉

不止这些
还有
——你

你暮色苍苍
挂满冬天的果实

偷偷掂量着坠落的重量
使我的天日一个接一个
被拖入等候处决的刹那
惊恐无助的小母亲啊
日夜把你衔在口中
直到你撇下整个人间
她还在瑟瑟发抖

（五）

……尾声近了，近了
永远不会再有
告
别
也不会再有玫瑰、火把
和突围的嘶喊，只有你
为我哽咽下的海
那些你从未说出的委屈
自深处漂出

你已不再是另一个，而是
我身内一滴硕大的泪水
凝着虚空中投下的眼神
陌生地打量着往日的血肉和稻草
空荡荡的大街上
乌鸦衔来黑夜的告示
听，上帝醒了
他走着，打着更
把谣传的"幸福"一一没收

2020.6.6.二稿

李占刚（上海）

透过你故居的窗口

——致阿赫玛托娃

我看到的不是一切。那些光线早已衰老
可你的过往和喜欢的宾客依旧新鲜
窜过拱廊，斜对过的窗后晃动着年轻诗人的身影
煤油灯，赶路的马车，曼德尔施塔姆的礼帽
在利捷依内大街 53 号。诗句似白银奔涌流淌

你正拾阶而下。穿过漆黑的楼梯间
推开"布罗茨基的美国书房"。我看到你
吭当一声关上家门。留声机、倒悬的厨具发出声响
我是最后离开的朝拜者。你的原声朗读
让我听到女巫的咒语。不愿去国离乡的游子
道路凄凛，异国的面包有苦艾味，怎能下腹

我站在十月秋风中，忆念起你的三月
彼得格勒的暴风雪，尤拉，帕斯捷尔纳克
你看到的一切都凝滞在时光中。我辨认出
古米廖夫，普宁，你营救儿子列夫的脚印
透过窗子，我看到的是你的瞳孔
灰蓝色，漂浮在波罗的海上的一截碎片

看看你的故乡，正被你热爱的帝国无情
摧毁。这种终极噩梦，俄罗斯方块的一次乱入

在袭击基辅的第十天，你的心脏突然停摆
你的诗篇成为谶语，在市民之间流传
随时可以拎走的旅行箱，把地板压得吱咔作响

一个乌克兰少女倒在你兄弟的枪口下
Airbnb 为你姐妹们预定的闺房
也被导弹炸飞。这是从梦里燃烧到梦外的火焰
就像从这个窗子，从你的眼底告诉世人的
厄运和抵抗。你的基辅母校，教堂闪光的葱头
已成为瘫痪在大地上的背景。有关卑鄙和悲壮

因为你，因为你的诗歌，如一道悲悯的闪电
唤醒三月雨水，东方大地的惊雷
如何描述一个生于敖德萨的伟大诗人
给俄罗斯戴上桂冠？她就读于皇村和基辅
在她辞别前的十天，俄罗斯侵入乌克兰
一个东方诗人，在她的故居久久不肯离去

我看到你看到的一切。落叶铺满小花园
紧锁的篱笆墙门，美洲椴树的影子
横跨百年。依旧是俄语的现在时，那些沙沙的杂音
划破留声机唱片。和着十月秋风和三月的残忍
一起翻滚，顿足，茫然，空洞地了望
那些依旧燃烧的诗句，与你的瞳孔一起熄灭

2024.3.5. 阿赫玛托娃忌日

徐江（天津）

雾

雾里的脚步有点像电影里军队开进小城
雾里也有诗的遗骸：
有关牛在湿漉漉的原野上走，
以及一些雷同和另类的爱情
雾在你的自行车座上滴了几滴露水
雾里有鸡叫，有肃杀，有外省城市早晨短暂的沉默，
有坏心情
雾让一些模糊的事情日渐清晰起来，
比如小时一次罚站，足球场上的一次漏判，
国家在街角处扮过的几个鬼脸
雾没有声带，没有手机，雾大起来
雾把窗帘后我孤独的脸遮没，
朋友你只听到了我放松平常的声音
如果这时你想哭，但你还是不要哭
因为雾在这片土地上，会散的

星战时代

会不会出现一次
来自外星的战争
空前惨烈
资本纷纷上吊
对赌协议赢家
莫名自焚
病毒和疫苗的
双重研制系统
离奇染病

这场未来史书中记载的
"第一次星际战争"
目标不针对人类
但毁了所有与
进化式人工智能
有关的玩意儿
AI
热搜
大数据
关键词搜集
网购平台
物流
……

所有暴利
都被毁掉了

地球人痛哭流涕
某个周日
另一个星球
一只黑手
终于按下了
"暂停"键

猩猩的黑手

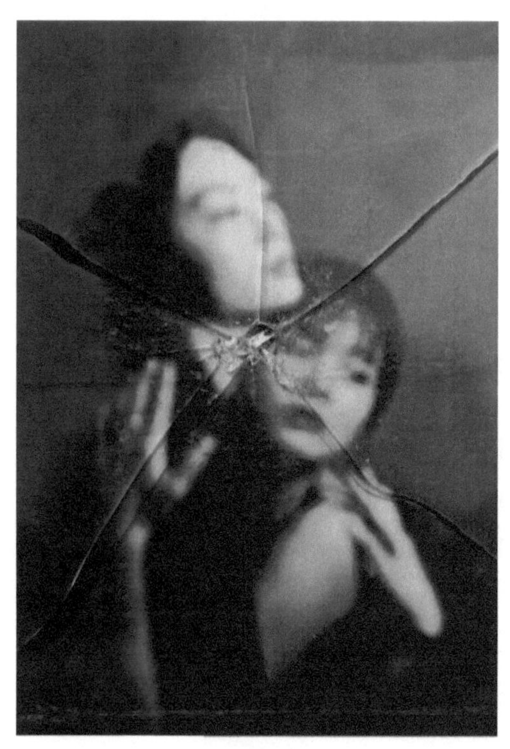

束谷一楠，摄影，破茧系列，2021

灯

只要人类不灭亡
黑暗就会存在罢
一直存在
一直在
黑暗
灰色
漫长的
阴影
你说出这些
成为自己
小小的灯

董晓禾（上海）

穹 顶

星穹下呼吸
月相涨落　算出三角函数
老榆木的脊柱
以年轮破译季风。

推开云絮
苔痕攀上梁木
松脂封存了雨滴
木纹的弧线
重写星图的偏旁

鸽哨掠过
直角忽然蜷成新芽
屋顶用木质的根系
赊取云絮的重量。
瓦当深处沉睡的古尺
在雨夜里
抽出了半寸翡翠色的绿

品

自由自在的我们，
看着烟花在天上扯裙狂舞
应着陈年佳酿那一味岁月的芬芳
暗自窃喜：
谁懂了我喜的味道
我知谁挑剔的品味
谁解我偏爱的乐韵
我知谁阅尽的繁尘
安静、微笑、神会
……就这样
小荷尚未露尖角
一口红酒便圈了一伙灵魂
从各个角度、温度、国度、维度
我们被相遇在今晚上海
松弛品鉴、自觉自赏
礼貌聆听、自悟自享
懂红酒的人
……都不急着醉
因为这层层叠叠、深深浅浅
前前后后、里里外外……的确幸
岂是一醉方休的事？

杨键（马鞍山）

很久以来

很久以来，
我就想写一首寂静的诗，
那诗从我老家出发，
也许从我父母的坟地出发，
我想写一首寂静的诗，
也许从我小时候出发，
从我爸爸背着我爬上医院的台阶出发，
从医院里，
（那年我八岁）
准备化验我的骨髓出发。
（骨髓是什么？我不懂）
很久以来，
我就想写这首诗，
但也不一定由我来写，
由谁来写我暂时还不知道，
也许三年前去世的妈妈，
可以告诉我，
究竟由谁来写，
只有她知道发生了什么，
值不值得写。
很久以来，
我就想写一首诗，
一首骨髓一样的诗。

周德芳（纽约）

停　电

黑暗突然咬断了电线
夜晚跌进墨池的深渊
我拉开窗帘
一池墨水劈头盖脸
墙角有窸窣的细响
三盏备用灯猝然睁眼
光瀑倾泻的一瞬
地板绽出
你两年半前预存的晨曦
在你离去后的
第三个梅雨季

我看见你在光华里笑着清点
"干粮记得定期更换
矿泉水保质期三年
手电筒要放在床边……"

你总说
要给生活预留后路
却忘记给自己
准备返回人间的 B 计划

亲爱的
你囤积的光明太过慷慨
足以照亮
我余生所有的夜晚
只是那本应急手册里
没有注明　如何预防
在某个突然想你的夜里
不让思念决堤

2025 年端午夜

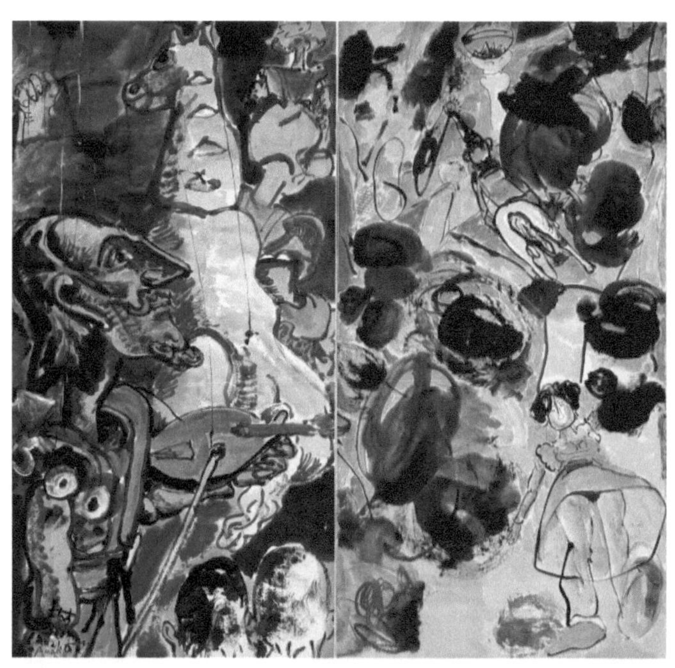

曾昭满，花开时节，55x55 英寸，宣纸水墨，2021 年

石生（河南）

我其实也不想写这样的诗

我其实也不想写这样的诗，
像拆开一层层裹尸布
去触碰那些未冷的旧事

每个字都是不肯愈合的伤口
在纸上洇开
成为模糊的印记

我练习过无数种修辞
却始终学不会
用比喻来止血

墨水在血管里结冰
笔尖划开皮肤时
我听见雪落进空骨灰盒的声音

这样的诗
是钉进掌心的月
是哽在喉间的瓷片
是每个深夜从镜中
递出的刀
我真的不想这样写。

2025.4.3

星子安娜（加拿大）

在路上

诗人零雨说把自己装在行李箱里
她的行李是四方形的
她的书桌是四方形的
连她的心也是

在从冬天赶赴春天的旅途中
我的行李却丢失了
没有贵重之物缠身
我一路裸奔
竟发现我的行李是圆的
丢了全是别人家的记挂
春天反而驻扎我的心里

2025.4

杨景荣（加拿大）

乌克兰的春天只有悲歌[*]

1

生命是用来敬畏的
为什么被一个发疯的独裁者剥夺？
滔滔第聂伯河血色的波
被呼啸的凄风割裂
悲声从二月流到了四月
倒下成千成万年轻士兵——
胆怯的侵略者与英勇的抵抗者
他们青春的梦被战火烧焦
他们未来的歌被死神吞没
当他们长眠战场
睾丸里还有无法发育的种子
一望无边的麦地没有春播
他们都是母亲心爱的男儿
乌克兰的春天只有悲伤的歌

2

春天是用来吟诵的
为什么天空燃爆着血色的花朵？
颤抖的空气弥漫着硝烟
潮水般的难民涌向多瑙河
战火从二月烧到四月

冲击波震碎焦黑的尸体和坦克
当北归的候鸟从这里飞过
自由的翅膀翻腾起尖叫的烈火
在滚滚浓烟中化为灰烬
曛黑的苍天睁不开眼
太阳的泪化作黑雪飘落
当窗台上的少女也把枪支紧握
战争的惨烈沉入她的心底
乌克兰的春天只有悲壮的歌

3

和平是用来歌颂的
何时才能审判发动战争的恶魔？
悲愤的种子正在苦难中萌发
迎战的鲜血将浇开自由的花朵
雪花试图把恐惧和黑夜一起盖下
废墟上将飞回和平的白鸽
憂傷的旋律從二月流到四月
腥风里回荡着柴科夫斯基交响乐*
109 辆婴儿车里宝贝们没有哭声
曙光将迎接他们返回天堂
乌克兰的黎明一片肃穆
远方的山岗低下了沉重的头
莫斯科不相信母亲的眼泪
乌克兰的春天只有悲怆的歌⋯

* 柴科夫斯基第六交响乐：《悲怆》

2022.04.01

天端（阿拉巴马）

你画你的生活
——有感乌克兰九岁小女孩的歌声
《我画我的生活 》

我不想去看炮火的画面，那些
让一些人兴奋不已的谈资
已然网上炸飞了的血肉

孩子，你画到了我的神经
我为人荒路上的莎草、青檀
此刻，是被绪打乱、被泪化开的纸浆——
我最脆弱的纤维
沉降在炮弹炸开的深坑

乱世像秋千动荡，我不安的目光
难平一张颤抖的课桌
但抄纸的帘床晃动，我看到了你的小手
捞出洁白柔韧的生宣
你请求我在你画的和平鸽羽翼上
按下一枚
宣告反战的手印

谭越森（甘肃）

98

列宁的鬼魂在乌克兰

乌克兰的春天在死人
坦克在黑色的泥土上燃烧
克里姆林宫传出了谎言：
列宁的鬼魂复活

长夜降下了尸体
他们把白昼停了

何三坡（清迈）

需　要

蜂需要毒刺
狗需要咬人
屎壳郎需要粪球
独裁者需要战争
而人民，在把孩子们送进地狱时
需要反复练习妥协、隐忍和哀痛

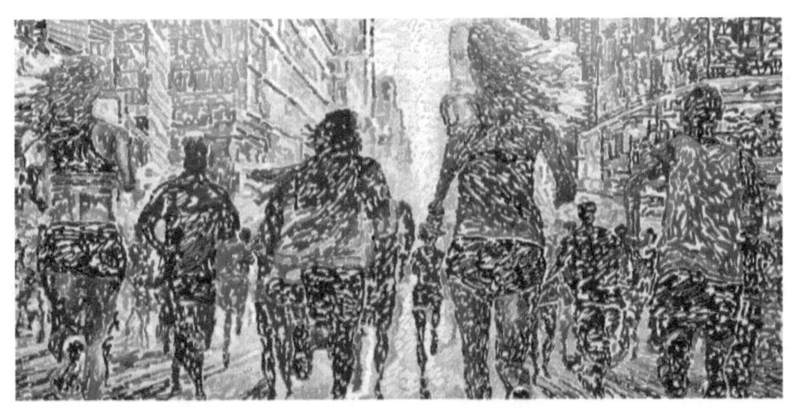

赵德伟，城市马拉松，200x100cm 亚麻布上丙烯颜料 2025

刘虹（深圳）

战争的温度

——献给战火中的乌克兰

比大地更冷硬的
是冰雪。比冰雪更冷硬的
是这个冬天。比冬天更冷硬的
是钢铁炸弹。比炸弹更冷硬的
是一个帝国的仇恨，和
另一个帝国的网络狂欢
不惜丢尽古国最后的颜面

那么多眼泪漂来的图片和视频
我看见乌克兰的血红雪白
我听见炮火也掩不住的
牺牲前的告别和孩子的哭喊
冷战之后，这是最酷烈的热战
已无法融化更冷更硬的人心
仿佛一夜回到冰河期的冰川
——上帝不要我们了！
是谁，提前引来末日审判？

战火还在燃烧！在导弹呼啸的间隙
我听见尤瓦尔冰凉的告诫：
你们，这些冷酷的智人终将被
自己的算法，所灭……

向以鲜（四川）

乌克兰人物杂志

1. 两个演员总统

演戏的都能当上总统
得多么辽阔的自由
不可动摇的自信

两个演员总统相隔几十年
都在历史的舞台上
扮着相像的角色

苏联的掘墓人
俄罗斯的
掘墓人

2. 小瓦莱莉娅

在乌克兰靠近波兰的利沃夫
国家歌剧院外，148 英尺巨幅照片
催眠一样徐徐展开

法国街道艺术家 JR 和演员兼导演
卡索维茨，以及一百多名

乌克兰人民高高举起

像举起一面猎猎鼓动的云中战旗
5 岁乌克兰难民小瓦莱里亚的微笑
刚好被摄影师卢琴科抓拍到

那是她和母亲塔伊西娅
抵达波兰边境时流露出的
劫难中稀罕的微笑

瓦莱里亚可能还不能完全理解
战争与死亡的关系，但她一定
理解了自由与和平的甜蜜

这幅穿透硝烟与炮火的微笑
还将出现在《时代》周刊封面
"乌克兰的韧性"，多么灿烂

又多么强健，不仅代表着
乌克兰的未来，也代表着人类
全部的善、爱和决心

3. 芭蕾舞者

2022 年 9 月 12 日，乌克兰
芭蕾舞者亚历山大·萨波瓦尔
战死在自己的祖国
顿涅茨克州

八年前，英俊的萨波瓦尔
曾在《堂诘诃德》舞剧中用长矛
刺向想象中的风车

这一次，他用渴望自由的决心
刺向真实的侵略者，自由的
代价是如此昂贵

"仿佛力之舞围绕着一个中心"
芭蕾史上最壮丽的一幕
定格在淌尽鲜血的萨波瓦尔
落日般璀璨的胸膛

4. 回家的女孩

基辅 6 岁女孩
爬向 19 楼的家，每爬一层楼
就得在楼梯间的椅子上休息一会儿
像一只疲于奔命的小野猫
喘息的声音，在黑暗的楼道回荡

往日上下自如的电梯
由于俄罗斯的导弹袭击而停用
家再高再远也要爬回去
这是一种信念，一种宗教

一步一步地爬，爬向最美的
赶走最后一个侵略者的那一天

5．沙杜拉的眼神

沙杜拉•季莫菲•尼古拉约维奇
一位 40 岁的顿涅茨克地区
扎利兹尼亚克村人

2023 年 2 月 3 日
在武赫莱达尔战役中被俘
从容地点燃一根烟，猛烈吸几口

"荣耀归于乌克兰！"
他瞥了一眼俄罗斯士兵
然后倒在 AK47 的半梭子弹中

来自沙杜拉的眼神是无法杀害的
来自乌克兰轻蔑而坚定的眼神
比子弹还要犀利的眼神

6．炮灰

俄乌战争的小视频
细小的士兵影子
细小得看不清任何面目
比热锅上的蚂蚁
还要细小

在标枪、风暴、海马斯
无人机或集束炸弹的殉爆中

变成更加细小的
灰尘

瞎眼母亲泪水中的灰尘
美丽妻子梦中的灰尘
妖嫩女儿呼唤中的
灰尘

世上的每一粒灰
都漂荡着一颗细得
不能再细的
冤魂

7. 两个阵营的爱

爱乌克兰　爱俄罗斯
爱以色列现在的日本爱哈马斯真主党胡塞武装
爱英国美国法国德国爱朝鲜伊朗叙利亚
爱伟大的祖国　爱狭义的意识形态
爱库页岛贝加尔湖　爱一亩三分地
爱星辰大海爱街头巷尾和村口
爱八十年代爱六十年代
爱独立思考爱一起带节奏
爱深度阅读爱短视频
爱黄皮肤白皮肤爱棕皮肤黑皮肤
爱丰县的李莹　爱李莹的丰县
爱万物爱自己
爱逻辑爱断章取义
爱真理爱抢盐

严力（纽约）

不是我的……

逃出生活的室内
以为就此飞上了枝头
无奈此物种
史前就被卸掉了翅膀
我只能在野地里
摩擦青春的脚底
遇到的所有终点
不分室内外

骄阳不适合保养温情
寒冷一如既往地缩紧睡姿
已逝的人们认领着
留在人间的冷暖
并记得每个人
生与重生的日子

想当年
我有过其他的弥留状态
脑门里的沙沙声
来自文学在操场上
围着口号的跑圈
那种冷
至今的汗水无法突围

时辰飞逝
曾经前浪的我

在熄灭的泡沫里蠕动
而把晚霞与我
一起埋了的尾声
不是我的行为

2025.2.

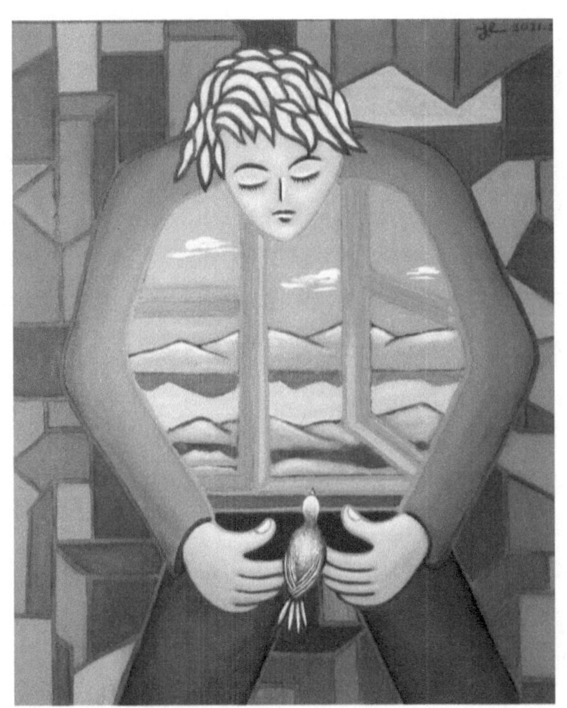

严力，永恒的召唤，画布、丙烯。60x76cm. 2023

我以为

我以为被军火做过手术的视力
能把血肉看穿
我以为欲望在后面不停地推动世界
一次也不会落空
我以为快感这个词甚至能让我
在被风暴的强暴中达到高潮
我以为对饥饿者来讲
世界只有食品与非食品之分
我以为再节省的人也免不了使用嫉妒请客
我以为一旦认识了镜子就要为其打扮终身
我以为最前面的人不是观赏前面的景点
而是为了回头欣赏后面的风光
我以为天生的两排牙证明了集体的强悍
这就是个人要靠拢组织的理由
我以为一旦停电
就马上能让二十一世纪下台
我还以为
和平是动物性的人类最起码的追求
精神世界则充满了更多理想的陷阱

所以
我以为子弹的速度最有说服力
这世界还没有比它更快的文明

筷　子

我是一双筷子
饥荒年代经历过
以舔食自己来解决温饱
繁荣时期以各家美食
弥补过舌尖上的缺憾
如今则品出了
控制七分饱的养身之道

这双筷子还能使用多少年
并不重要
只是在面对盘中滋滋作响的
整块牛排时
能否说服刀叉与我分享食物

我当然是一双知趣的筷子
昨天由汉语请客的午餐会上
那根名叫我的筷子
夸张地打了一个饱嗝
另一根名叫自己的
立马狠狠地瞪了我一眼

2025.3.

吴驾（上海）

徐汇教堂

徐汇教堂旧了，只剩两座塔尖
塔尖被岁月磨成钉子，要钉住
绕在心头的钟声

刺眼的钉子竖在漕溪路上
走出股市的人倒吸
一口冷气，看到割肉的刀

此时，春光明媚，刀子
在开瓶器上，被风一吹
戳破了我的手

走过四月的江堤

去江边吧，海鸥和轮船
在黄浦江上漂泊，春风浩荡
就坐在江边，等一只白鹭
逃离世间的纷扰，蒹葭青青
多少岁月，汇聚成眼前的波光
滩涂上搁浅的贝壳，是众生的墓碑
有人离去，有人沉思，似乎
没有比这更好的清静
我就活在
孤独又永恒的江水之上
春天，走过四月的江堤
看滚滚江涛，逆流的鱼，坠落的花
从前，我是江畔的水草，无足轻重
现在，我是我自己的江河
冲刷起伏不定的人间

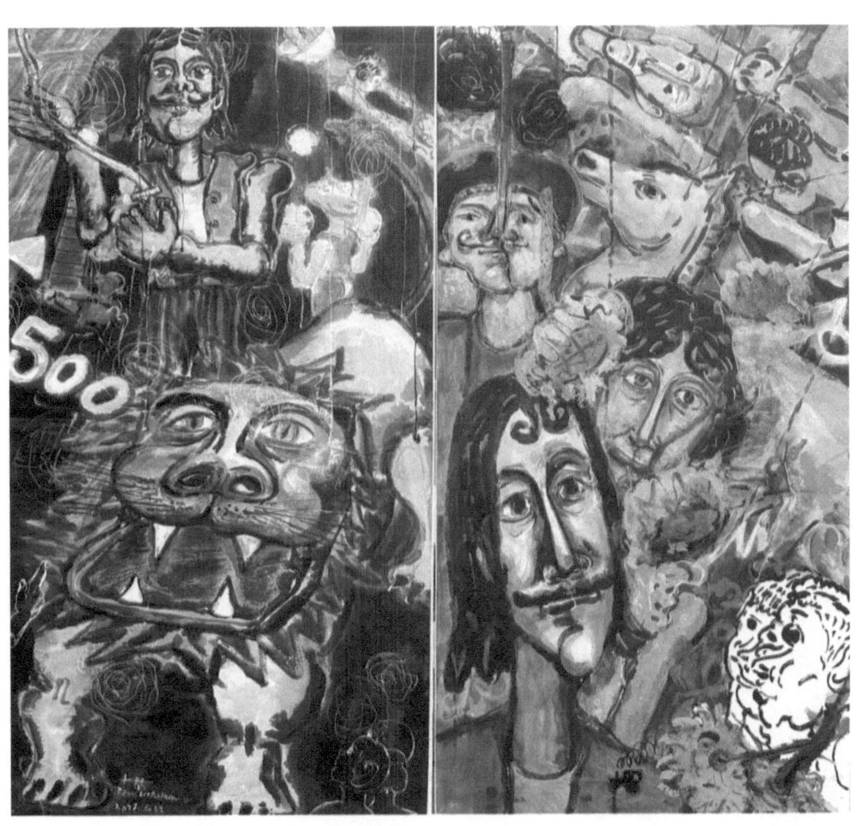

曾昭满，游牧民族，55x55 英寸，宣纸水墨，2021 年

现代诗歌原创入围作品

董晶（加州）

走进冬季

我迈着不变的步伐走过春夏
在深秋的时候，脚步慢了
不是畏惧冬的寒冷
而是不愿如此匆忙地
踏入人生的冬季

潇潇的秋雨中
需要冷静地想想
冬季应该怎样度过
不论去哪里躲避寒冷
都躲不过冬天的门槛

如今，脚步轻轻落下
大地的回声，深情而遥远
前方依然有诗与美酒
等待我慢慢品味

秋天的果实
不就是为冬季留存的吗？
啊，冬季
不再迷茫，不再惆怅

人生的瑰宝
惟在冬季绽放光芒
我将从容踏入冬的门槛
在白雪铸成的勇者家乡
把多年心底的长歌吹响

2024 年 10 月 6 日

海宁（纽约）

乡　情

遠離故鄉，是因為
對故鄉的愛。

遠離她，才更深地感到
對她的愛。

感覺到那曾有的愛：
執著，癡迷，真不應該。

感覺到那溫柔的愛：
仍纏繞胸中，擺脫不開。

那是記憶裡忘不了的溫存，
雖然她也帶給我這多傷痛。

別了，故鄉。
我遠離你，是因為

我曾經愛你，
我依然愛你，
我懷疑你值得
我這樣愛你，

但是我依然
這樣愛你。

別了，故鄉。
原諒我，理解我，
讓我 永遠 遠遠地離開，
並 永遠 遠遠地
愛你。

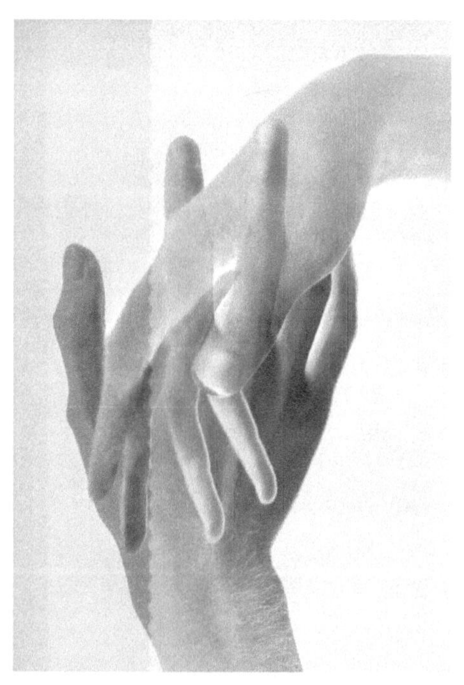

林泽良，摄影，手与言系列，2020

关仪（俄勒冈州）

回归正常

2025　　是贊歌
雪山的褶皺也變得平滑
沏著落沙　　看著銀蝶飛飛
寫下了一條長長的
潔白的大道

冰塊本來就是白的
卻有人辨不出色彩
在她腦髓的記憶卡里
“傳統”的脊液消失得太久
要踏上這條遺忘了的小路
需要靈魂的修復
才能把音頻調到“正常”
如同習慣了急促催生荷爾蒙節奏的狂野
改變一個姿勢
慢慢去享受古老催產素的親吻
需要把綁在心中利刃的繩索
果斷地松開

2025.1.8.

柳扬（明尼阿波利斯）

倒　立

一棵树将自己翻转
枝叶刺向沉默的大地
根须汲取云中的烈焰

一条河流放弃了向海的执念
回溯源头
吞噬了自己曾经的方向

一座山倒悬而立
山脚浮出云端
将星辰收入怀中

一只鸟停在倒挂的枝头
低头望见天空正沉睡在脚下
恍惚间，它忘了飞翔的方向

一只蚂蚁扛起一片宇宙
将它轻轻地放在一粒尘埃上
说："你从未学会仰望"

水面的倒影微微颤抖
世界瞬间倾斜，又回到平衡
仿佛一缕目光，在风中转了个身

2025.1.17.

王春芳（希腊）

在克里特岛放中文歌

开大音量听《张三的歌》
外面的阳光在热烈地铺排着

车窗开了一条缝
临街喝咖啡的长者
纷纷把目光投向我
大概是因为歌声喷洒出去时
他们听到了
音符又雨丝一样
纷纷落在他们脚下

我要去纪洁师妹的新家看看
她的房子推开卧室的门到阳台
能看到几块岩石掩映的
华丽而蔚蓝的海

《张三的歌》在被循环地播放
路两边的橄榄树听到了
两处急拐弯处的草丛、
Plaka 沿海一排排有钱人的
海景别墅　　它们也听到了

"我们要到遥远的地方看一看，
世界还是如此的荒凉。"
以前每逢听到"荒凉"这里
心都会颤一下

大概因为荒凉太普遍了
有的人生如此痛楚
恰如这首歌
承载着不愿明说的曲折和跌宕

我忍不住在心里对自己说：
中文歌是如此飘逸和深沉，
缘于梦想，我们华人
也有过如此高贵的向往
和忧伤。

2024.8.14

力夫（澳大利亚）

学海无涯苦

如果海子活着
他不一定愿意
成为大师

如果海子活着
世上一定少一个
神之骄子

我就不说喜欢了
海学亦成红学
学海总是无涯

我一直记得
清凉的月光下
一个纯洁的孩子

举着一株倔强的麦子
在东方或者西北
纽约或耶路撒冷

我一直记得
那个孤独的孩子
在颤栗的夜晚

泪光多么清澈
歌颂父亲
也歌唱姐姐

人间天才若干
大佬风起云涌
倘若昔年归去

既知生，焉知死
不入虎穴，焉得虎子
谁比海生更火红

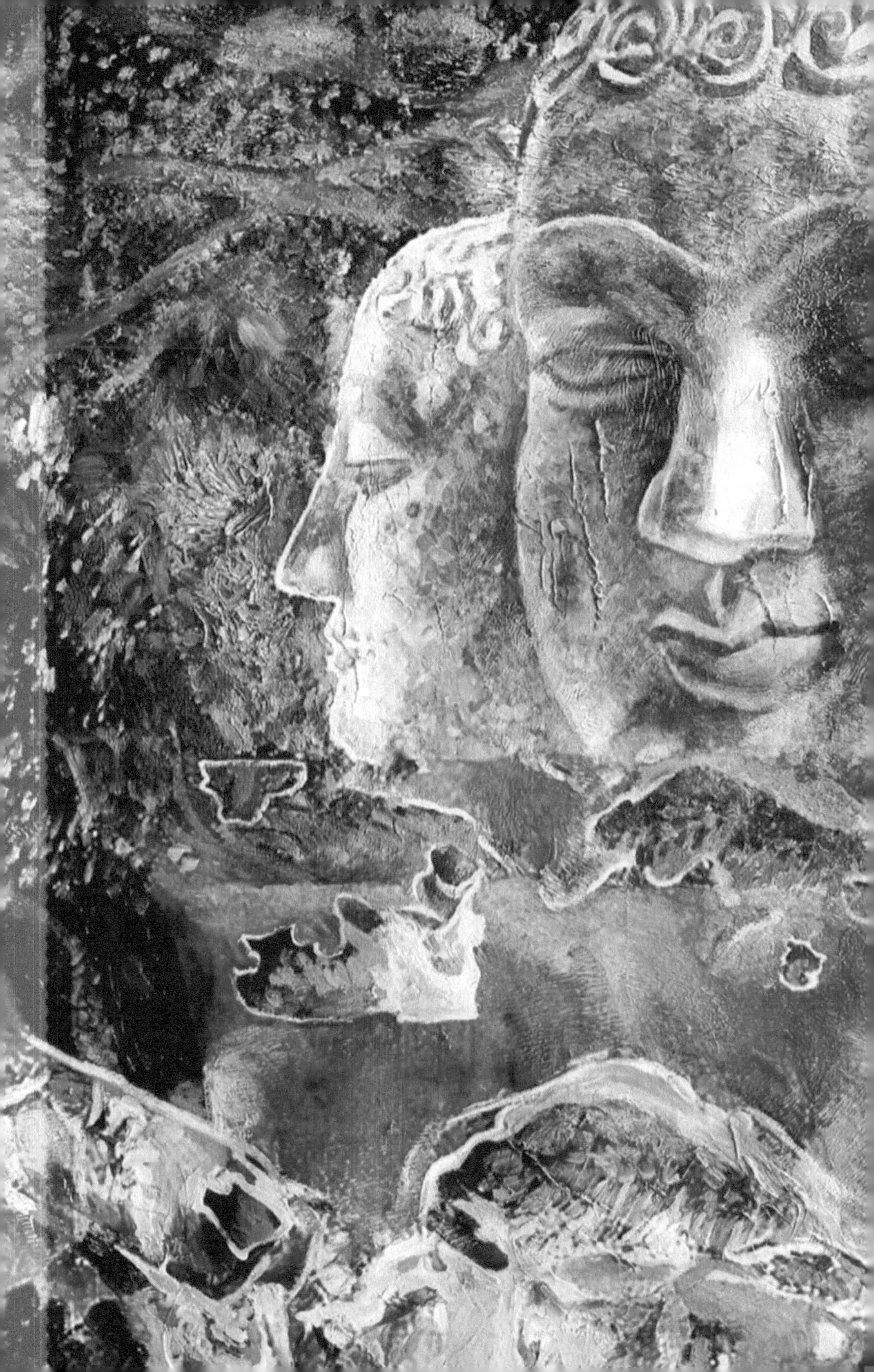

李曼筠（加州）

生 命

生命持续在倒数
从生的那一刻起
从啼哭的那一刻起
就在走向死亡
请问活着的意义
亦在曾经
往事曲折　现实凄离
活成惟一　目的已去
我在这里　也只有此刻这里
才有感觉　才有行为　才有一切
不问那些坏与习性
云层里你的风衣
挂着雨滴的痕迹
我撤离　我撤离

袁梅（奥地利）

你好，孤独！

早晨突然下起了雨
气温也骤然降了许多
大哥今天要飞奥克兰
狂风里的航班会正常么

这样一个日子大雨如注
却将我周身的空气抽净
像置入一个密封罐无法呼吸
中午时分我开始想儿子
满耳都是他的旋律
这一刻连瓦格纳也失了声
波士顿的午夜时分
他也正在梦眠中吧

于是我给江南的母亲打电话
她落寞的声音让我更加落寞
我们各自坐在落寞里
担忧着彼此的落寞

黄昏起连看三部电影
也没驱走那种恐惶
想找一个人开一个药方

问一个朋友还是不是朋友
有头无绪地说着自己
也许是孤独吧，朋友悠然地说
一句话褪去周边的装饰
我曾假装自己坚强或者伶俐
原来我也只是一粒尘埃
也许是因为清明吧，朋友补了一句
追着季节的雨落下

清明时节里不清不明的我
落在雨幕的虚空里
是孤独么？
我们总是独自降临
我们终将孤单无依

用左膀支起右臂
用心脏顶起头颅
我们只能和自己拥抱
上了一整天的孤独课
只好佯装起一脸的笑
孤独，你好！
让我们相伴终老。

2020 年 5 月

胡秋野（纽约）

我与时代

我和这个时代互相嫌弃
但又无法体面地分开
我该活在哪个时代

有时希望活在春秋
那时孔子在主编《诗经》
里面有干净的爱情

有时希望活在盛唐
李白杜甫指桑骂槐不必担心
成群的诗人在酒海里流浪

我更希望活在北宋
只交苏东坡一个朋友就够了
一起品茶操琴挥霍光阴

当然，也不排除回到民国
那是一个先生领衔的时代
他们活得短促而有力

至于其他的时代
就让它们哪儿来哪儿去吧
不能让人安心的岁月纯属多余

我在徽州老街寸步难行

青石板裂开的伤口深不可测
钢筋从地下刺破马头墙的倒影
推土机轰鸣着碾过雕花窗棂
碎木屑里躺着半截褪色的对联

我的脚步在瓦砾堆里打滑
每一步都踩痛某个朝代的叹息
霓虹灯爬上了斑驳的牌坊
将"忠孝节义"染成暧昧的粉红

游客的镜头对准了
正在消失的飞檐
却拍不到砖缝里渗出的千年月光

我在徽州老街寸步难行
不是因为路窄
而是历史正在脚下逃亡

文蓉（新泽西）

我的诗歌纪录片

一个人久了
身体出现泥沙的豁口

在庞大的篇幅里
精简，精简、再精简
裸女之美是两根交错的线条

"可以看看吗？"
让我蘸满身体凝结的露珠先写着
荒原上的第一缕阳光会帮着梳理情感的脉络
云雀则反复吟唱并捡出诗行中的
沙粒

一片海被塞进一颗铁丸
涛声之鱼无数次试图漏网而逃

"还要多久"
朋友！时间是一部谎言大全
所有玫瑰
都活在时间之外

上帝的忏悔

我是花农
掌握着花朵的盛开与凋零。
骄傲地，一刀剪向花丛
却牵出长满绿叶与花苞的嫩枝，
还有一朵生命旺盛的玫瑰。

我哭了，因为我伤害了生命，
那本该绽放着的生命。

一个上帝声音，在天穹里回荡
"虽然我是上帝，
也同样会犯错。
原谅我，提早结束了
永远不该结束的生命。
原谅我，虽然我是上帝
也同样地犯错。"

我听见了上帝与花农的对话。

荆棘刺伤了我的手
鲜血却在我的眼里流淌。

我本不想原谅上帝
但毕竟上帝已向花农忏悔。
看来我必须接受：
那躺在泥地里早夭的玫瑰，
那渺小个人的伟大痛苦。

毕竟
上帝已向花农忏悔！

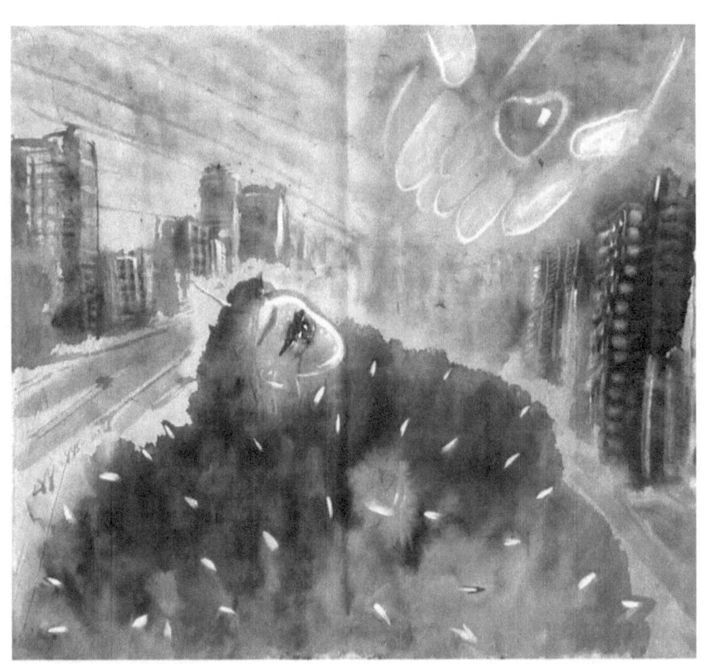

李玉英：信息，纸本水墨，45x50cm，2025

海石一荣（纽约）

水做出来的

春天数着花朵
数到二月就有了十四个我
来到身边。终是情人节
金枝从我的胸口开放一节

春天有那么多期待的爱情
终是年关雷鸣
也惊动不了整个江南早春
嫩嫩的一场雪的晶莹

滋润的处子一样的肌肤
圣洁的哈达
你是其中一朵湿漉漉的花吗
我触摸到枝条的柔软

亲爱的，终是豆腐干
那一瓣也是水做出来的

赵光新（纽约）

语法与标点（符号）

没了主语
动宾结构
呼啦啦
迷楼将倾
眼看着
去皮的毛
假借的等号
飞散成
漫天呼救的省略号

在世贸中心废墟上
我用虚拟语气痛思
痛及手指
再也划不平
那个破折号
那顶没人预备的
微型降落伞

总有人
想用响锣
甚至高压气锤
把问号 ❓ 敲直
硬叫下面那圆点

挤满扭曲的逻辑
爆发成"惊叹"！

这世上
亿万个逗号
或分号
以一般现在时
或正在进行时
活着
活成心电图的上下波动
汹涌朝向
各自的未来时
朝向
谜底般的完成时
波平后
淘筛出若干
冒号加引号
挂得上嘴边
或一小串镀金句号
对得起祖宗

李丽华（纽约）

"勇气"这两个汉字·赠王小良老师

她将"勇气"
纹在臂膀上

她纹下的
不仅仅是汉字

还有一腔涌动的情愫
一腔看不见的热血
一腔骄傲
和热爱

一块女人壮硕的三角肌
瞬间生出
端庄和秀雅

那是古老的方块字
与黝黑壮硕的女子
共同铸就的力量

2025.1.6.

轻鸣（马里兰州）

上完解剖课

约翰·多伊
回宿舍泡了个澡
3D 打印 X 教授
刚刚发明的透明睡衣
穿上，对着镜子
照了起来
哇，他可以看到自己
不对称的心脏不规则地颤动
就像出了故障的水泵
扭捏的花花肠子懒散地传送养料和废物
迷宫般的大脑
神经元正在串通
阴谋引发暴乱
甚至体内病毒恐袭的过程都一清二楚
只有普世的无意识
不论是个人的 id，抑或是集体的原型
犹如比特币操控的那无数只看不见的手
怎么找也找不着
多巴胺喷发
怒极
砸镜撕衣
躺平

陈红韵（温哥华）

诗人们都渴望一场雪

诗人们都渴望一场盛大的雪
将一切终结于纯白

是的，是的
荒原上遍布势不可挡的假桂冠
在风中枯骨般碰撞
挤不出一丝温暖
再没有丰碑，再没有凯旋门
高塔指不向星辰
刀锋失去光芒
幻灭
是唯一的真相

这是一场天翻地覆的风暴
一场灾难的手舞足蹈
足以埋葬尘世的任何远方任何彼岸
无论流多少血
洒多少汗
抵达的依旧是幻灭的边缘
上帝早已缄默不语
死亡
是没有选择的答案

虚幻的人间继续虚幻
漫天雪花落下
梦一般呢喃
诗人啊诗人
我们现在除了爱一无所有
必须任世界崩塌
任乾坤倒挂
于灰烬中涅槃
于纯白中描划

直到在灵魂深处写下生命的诗篇
直到在春日尽头重塑崭新的人间

滢滢（康州）

合　欢

我将在下一首诗里种下一棵合欢
在我诗行的过渡之处
待我无计可施的时候，摘下一枝
循着经脉，按对称节奏一叶叶撕下
粘贴在知了鸣叫的夏日午后
给熟睡的父母遮蔽暑气

最完美的花朵似乎永远长在深处
我的无名指又疼了一下
被蜜蜂蜇咬后的肿胀如暴雨临近的云团
滞留在匍伏的回忆地平线
合欢花绒毛细密，难辨彼此

不知蓄势的暴雨与合欢的辩论
取决于哪根绒毛议题
也不知最终水汽弥漫后，花瓣还能倔强多久
词语土腥味翻滚
雨滴炸裂在大地诗篇的胸膛
开出一汪汪不断扩大边缘的臆想

我将在下一首诗里种下一棵合欢
但不会有一场黑夜潜入
它将白日我热爱又失去的每一刻
含在花杯中，不再闭合
直到升腾起粉白色的幽香

王键（纽约）

与多多去白沙门看海

在阳光碰响的夏日
再一次，我们进入白沙门刺眼的光圈里

老诗人多多拖着摔伤的身体
在一个长条凳子上艰难地坐下
我们一人手里捧着一个椰子喝
就像捧着一只猴子的脑壳
身后，是被我们甩下的海大*
著名的小吃一条街
从那升腾的白烟雾中，传来海豚音刺耳的尖叫

正午的白沙门，无人，海上没有一艘船只
沙滩，似睡梦中的墟境，
任凭燠热的风
熨烫它起伏不定的胸脯

哦，白沙门，用沙子建造的窄门，它关着
无限的蓝，和被驯服的大海的悲吟
那海军衫上的蓝色，时刻以深沉

展示它的威严。

"那里，曾经是一个炼油厂，每天向大海排放着污水"
"对面是北方，北方之北是远方，是我们热爱的城市"
（我们又讨论了一次要不要回疫后的北京）
"这个海峡（琼州海峡）其实非常狭窄"
"琼州过去便是辽阔的南海……"

好吧，让我们走出这个窄门
进入咆哮着的生活海洋

我们起身，上岸，在一块石头上坐下
仿佛坐在自家门前的台阶上
我们将鞋子脱下，将鞋子里的沙子
一点点地倒出……

*：指海南大学，诗人多多曾经在该校任教。

笑渔（伊利诺伊州）

哥德巴赫猜想和情诗

数学的明珠是数论
数论的明珠是
哥德巴赫猜想

文学的明珠是诗歌
诗歌的明珠是
情诗

哥德巴赫猜想
表述偶数和质数的冰冷关系

情诗
描写男人和女人的浪漫关系

情诗就是
浪漫的
哥德巴赫猜想

猫头鹰

第一次坐长途红眼航班
全程十五小时夜间飞行
本以为一觉醒来就到目的地
但飞机之上
仅能安放几个小盹
好像自己是一只猫头鹰
长翅膀的猫科动物
沿袭着打盹的习性
打盹就是构思
在夜间一边飞行
一边构思一首诗

寒山老藤（纽约）

春天来了

春天又来了
又该磨剪刀了
上次　草被剪成了
冷兵器的模样　花起了戒心
而插花的手　有创作的自由

比起放任花草
在微风细雨里
表现出柔弱的低姿态
及　无法掩饰的憔悴
插花　还是在拯救

春天又来了
依然夹杂着泥泞的日子
去年的那些花那些草　没来
要么　早已沿着篱笆匆匆而过
我寻思　沟通比动剪刀更迫切

2025.1.25.

汉诗英译入围作品

彭美沁（纽约）

最大猴子圈

社会学家告诉我
你至多只能有 150 个朋友，
邓巴数等于 150 定律又名猴子圈
比一桌宴席多，比一座城少，
比外婆的梦话精准，比杂志的哲理真。
但全世界都是我的朋友。
我最爱的人，以无机形态存在，
玻璃、钢筋、无线电波，
在夜晚唤醒一盏灯，在清晨滚落一颗螺丝。
我和我的阶级敌人们交心，
像烛油和蛋糕，
像流亡者与绝境的风，
像上帝与我，在沉默中签约议和。
我向无礼者致敬，
向世仇者寒暄，
向所有被诅咒的名字点头示意，
他们均擦肩而过，不曾彼此打量。

我使出了世界最大猴子圈，
历史不如它开阔，花草不及它亲柔，
或许我们可以边啃噬，边去爱，
香蕉，和彼此。

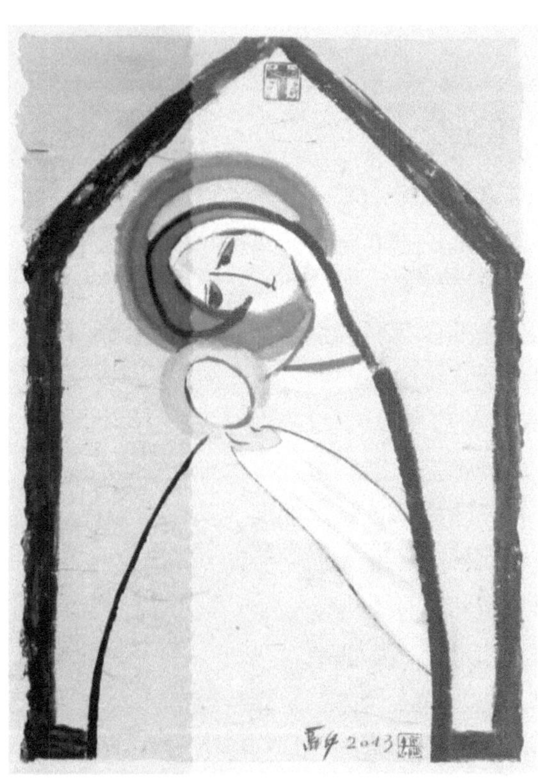

岛子，母与子，纸上作品，2020

Tr. Meiqin Peng (NY)

The Biggest Monkey Sphere

The Sociologist tells me,
"You can have at most 150 friends."
Dunbar's number aka the Rule of 150 aka the monkey
sphere—
more than a banquet table, less than an urban populace,
sharper than my granny's sleep-talk,
truer than a yellow journalist's creed.
But the entire world is my friend.
The one I love most exists in inorganic form—
glass, steel, radio waves,
a light awakened at night,
a screw rolling to freedom at dawn.
I bare my soul to class enemies,
like candle wax to cake frost,
like fugitives to the breeze of the void,
like God and I, signing our silent truce.
I salute the insolent,
greet the ancestral foe,
And nod at every cursed name,
all brushing by, never one glance at each other.
I unleash the world's largest monkey sphere—
weightier than history,
gentler than flowery grassfields.
Perhaps we can gnaw and love at once,
At bananas, and each other.

旦增白姆 Tenzin Pelmo（西藏）

雨 天

无法宣告的很多沉默
是坟墓一样的深
当雨水变多
植物开始生长的时候

我猛然意识到
沉默应该是利刃
沉默的内核要像天葬台上的尸体
被果断地分解

成为食物
让秃鹫叼去

Tr. 明迪 Ming Di (California)

Rainy Day

more silence, silence that cannot be declared
falls, as deep as graves
when it rains and rains more
plants starting to grow

i suddenly realize that
silence should be a sharp knife
to take apart decisively
its own core as a corpse at a celestial burial

becoming food
for the vultures to snatch away

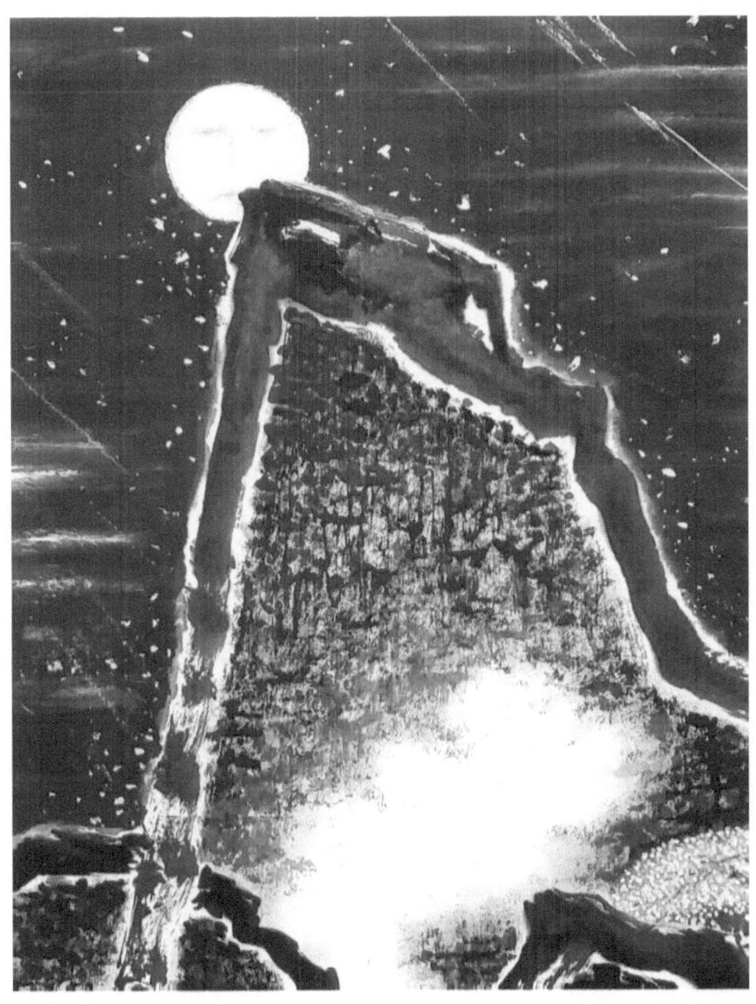

羅青，2024 地球戰國時代系列之二，月異星邪花詭笑

MAMA

Yan Li (*Tr. by Denis Mair* 西雅图)

A few years ago, in a fateful stretch of stormy weather
you entered the second dimension of existence
All of the cities on this globe I sojourn in
have become your vantage point of concern
for hot and cold winds that blow on my life

Of insights you conveyed since my infancy
you did not take away a single ray
As always my shadow proves the upright stance
imparted by your supportive arm
You didn't take away the pent-up dormancy
the harsh ferment that produced my vintage
Now is time for hosting friends among the living
to savor what your green thumb made possible
Of course you didn't take away your signature
which is why I can still redeem the full value
of things that Mama said would happen

As for the scars on the cheeks of this era
those tears you didn't hold back a few times
in the past they were unwiped out of resolve
now they are left unwiped due to love
of all the world's mothers for living things

May 11, 2025 Mothers Day

妈 妈

严力（纽约）

几年前一阵宿命的风云
您进入了存在的第二维度
无论我在地球上的哪个城市
都成为了
您关注生命冷暖的视角

您不带走
襁褓以来的任何光芒
我的影子一如既往地
印证被你扶正过的站立
不带走漫长压抑的蛰伏
苦涩终将完成佳酿
我就此宴请世间的友人
品味您的栽培
更不带走签名
令我能继续兑现
我妈说过的什么

时代面颊上的痕迹啊
包括了您几次的尽情流泪
曾经的不擦是坚毅的
现在的不擦
更是全天下母亲们对生灵的爱

2025.5.11 母亲节

祂与我同在

作者：艾米莉·狄金森（美国）

翻译：岩子（德国）

祂与我同在——望着祂的脸——
我再也不会离开
因为来客——或日落——
死神惟独的隐私

唯一一个——先手
递呈于我
一道密旨——
不——婚——

祂与我同在——听着祂的声音——
我坚持——至今——
只为见证那
永生——

时间——教给我——以素朴的方式
笃信——每一天
如此之人生——永无休止——
审判——无论来日如何——

I live with Him—I see His face

Emily Dickinson

I live with Him—I see His face—
I go no more away
For Visitor—or Sundown—
Death's single privacy

The Only One—forestalling Mine—
And that—by Right that He
Presents a Claim invisible—
No wedlock—granted Me—

I live with Him—I hear His Voice—
I stand alive—Today—
To witness to the Certainty
Of Immortality—

Taught Me—by Time—the lower Way—
Conviction—Every day—
That Life like This—is stopless—
Be Judgment—what it may— *(698)*

密　旨

朱良（上海）

　　我喜欢艾米莉·狄金森的诗，倒不是因为她说过"如果我不曾见过太阳，我本可以忍受黑暗"这样的名句，而仅仅由于读她的诗"耐琢磨"，理解起来不怎么"省心"。而这又恰如食蟹，对"螯封嫩玉"或"多肉八足"的"拆解"虽颇费周折，却品咂得意，回味无穷。

　　狄金森的《祂与我同在》，正是这样一首短句杂陈，神秘无端，且尤其耐人寻味的诗作。

　　首先从题目的人称代词上看，为什么是"祂"而不是"他"呢？

　　"祂与我同在——望着祂的脸"——

　　那张"脸"应该是具体的、熟悉的，甚或是令"我"仰视的罢，否则，凭什么"我再也不会离开"？

　　"因为来客——或日落——死神惟独的隐私"。

　　不速之客，日落而来，行将坐帐夜幕，执掌"死神"大印于漫漫永夜。

　　不免有些意外，那阴阳分明、且襟怀坦白的"死神"也会有"隐私"么？哪怕是"惟独"的？

　　那"隐私"，便是"唯一一个——先手递呈于我"的"一道密旨"——

　　一个"惟独"，一个"先手"，已然将"呈递密旨"的私密性，与接受者灵魂知己般的亲密度表露无遗。

接下来又是一个"祂与我同在"——而这次是由"听",取代了上一个"同在"的"望"——

"听着祂的声音"——
"不——婚——"

"不婚"？这是何等级别的"密旨"？宁愿"说"出，也不使一字留存于天壤之间？

开篇至此，已然让我们深深陷入了宗教与世俗、上帝与情人"说不清理还乱"的纠葛之中。

一道密旨，秘而不宣，独独"先手呈递"一向离群索居的女诗人狄金森，其中隐情何在？

在写于 1860 年由岩子翻译的一首诗中，狄金森写道：

我的小河向你奔去——
蓝色的大海！欢迎我吗？

显然，这是诗人对爱情勇气可嘉的呼唤。

根据汤玛斯·H·约翰逊编辑的狄金森诗集、由蒲隆翻译的《狄金森诗选》第 245 首诗中，狄金森"高傲"地赋予了自己一个"妻子"的身份——

我是"妻子"——我已结束了那——那另外的状态——

请注意！诗中的"妻子"为什么特意加上了"引号"呢？是另有深意？还是言不由衷？

另据《狄金森书信选读》里，诗人曾这样表示：

我过去常想，我若死去——就能见到您——那我就即刻死去——

若是我一袭"白衣"而来，您会如何待我？您有没有一小片胸膛把这活物——放进去？

看得出，为爱赴死，她可以在所不辞。

而在狄金森《假如我说我不再等》的另一首诗作里，诗人更是直截了当——

假如我说我不再等！
假如我冲破这道肉身之门——
逃出来——交给你！
假如我让这必朽之躯——列队离去——
看它怎么伤我——够了——
然后踏进自由！
……

至此，我们可以回到根本问题了——这个"你"究竟是谁？是上帝？还是一个足以让诗人抛却尘世，欣然赴死的爱人？

通过上述对狄金森个别诗章的"拆解"与"品咂"，不难看出，对于诗中"我再也不会离开"的坚定信念，并非出于渴望耶稣或某种救赎的抽象观念，而是出于对爱的渴望，渴望一个难以企及、却可以把"我"带走的心心念念的"情人"，哪怕带"我"到日落找不到的所在……

与中国的情诗只见一往情深，少有奉若神明不同，西方人的爱情趋于理想主义，易将爱情的对象神化，或是视情人为神施恩宠的媒介（见兰尼尔的诗《我的双泉》）。

可是谁能想到，我们的诗人竟然将"情人"直接指向了"死神"！

不得不说，扑朔迷离的"不确定性"与"多重解读可能性"的特征，在狄金森这里，尽可以发挥到令人瞠目结舌的地步。

　　抛开上述所有的"铺垫"，我们最终还是要回到"密旨""不婚"，这一吊足了我们的胃口，並为之冥思苦想的"悬疑"上来。

　　为什么是"不——婚——"呢？难道婚姻殿堂不是"爱情"的保障？无论如何，"妻子"的身份，是"婚姻"给予的"合法性"，是满足已婚女人"安全感"的法律保证。那么这次和"祂"在一起的"我"，怎么就这样心有灵犀般地接受了"不婚"的选择，且未表现出任何激烈的心理斗争？这是否与生性孤傲的狄金森的女权主义倾向有关？

　　或许在双方看来，世俗的婚姻更是爱情的约束，那是一个深深淹没自我的海洋。而"踏进自由"实现爱情，或许才是"不婚"的最为本质的根据。

　　于是，欲将尘世之爱升华为"不朽之爱"的"我"，洗尽尘埃，仅着"一袭白衣"，即扑向那早已为她敞开的"胸膛"……

　　接旨于默契，向往于"永恒"，只为"见证那永生——"。

　　想那狄金森，有多少回凭窗仰望，面对宇宙苍穹一遍又一遍地诸般遐想。而她笔下的爱情诗章，无论肃穆，还是沉醉，总是心系不朽。

　　终于"祂与我同在"了！"我若死去，就能见到您"——这何尝不是她的夙愿？拥有，且"永无休止"。

　　"时间——教给我——以朴素的方式笃信——每一天"——

　　"我"将气定神闲地守护着"永恒"，而无需反反复复的"海誓山盟"。

　　甚至于，"无论来日如何"的"审判"，"我"也义无反顾地置之度外。

　　行文至此，"祂"是谁——这还用问吗？

　　却没成想，表面看上去柔弱琼华的狄金森，执行"密旨"会如此决绝。

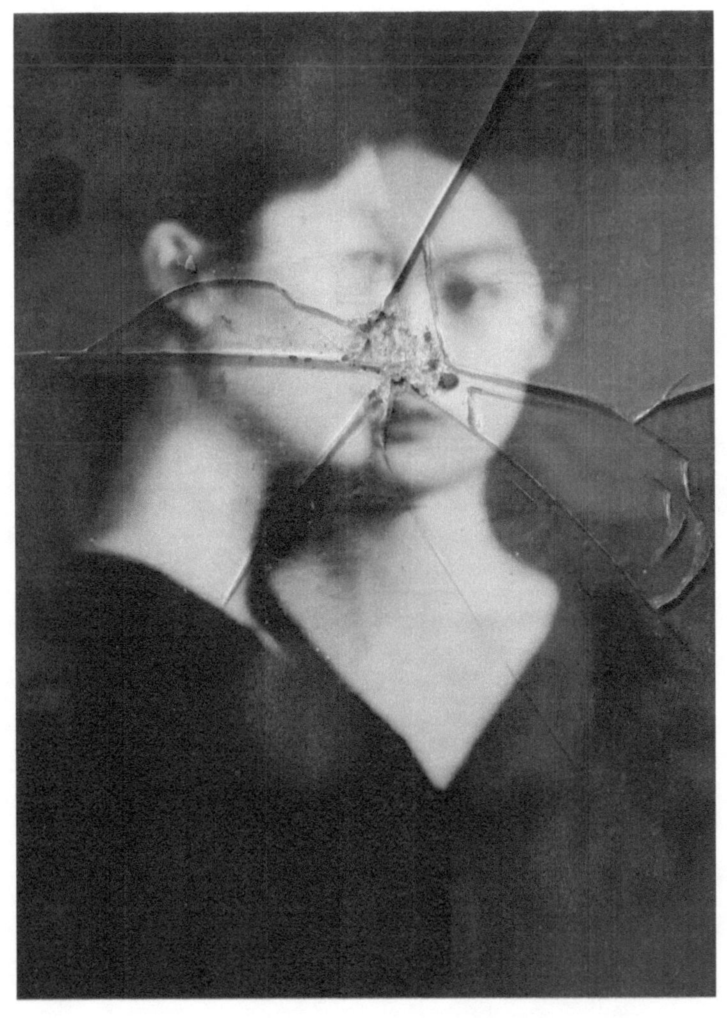

束谷一楠，摄影，破茧系列，2021

李枪、严力艺术创作对谈

2025 年 3 月 9 日，法拉盛图书馆三楼会议室，艺术家李枪（纽约）和严力（纽约）关于李枪艺术创作的对话，主持人是图书馆执行副馆长邱辛晔（纽约）。

邱辛晔：今天出现了一个状况，原本李枪带来对话时设置的资料视频与图书馆的机器不能相容，折腾了很久也不行，此事也给我们提了个醒，在高科技快速发展的今天，老旧的操作系统需要及时淘汰，才能与大多数更新的技术相连。话不多说，今天请来的是严力，他是1979 年北京星星画会的成员，后来留学纽约并于 1987 年在纽约成立了海外第一份中文诗刊《一行》，2000 年停刊后，于 2018 年又与我和几位同仁创立了"纽约法拉盛诗歌节"，并恢复了《一行》诗刊，改名为《纽约一行》。另一位李枪，移民美国纽约近两年，但已举办了几个小型的展览，值得关注的是他创作时所用的材料是杂志，也就是把过期的杂志用手撕出艺术作品，用他的话说就是用减法撕掉多余的，留下他想保留的颜色及文字痕迹，结果就组成了他创作出来的山水、大海和人脸，这确实很奇特，有的作品甚至是巨幅的一面墙……而严力在材料上也很早就使用被淘汰的黑胶唱片进行创作，所以这一点上他们两个在使用颜料之外的材料上各有体会，我把时间交给他们……

李枪：首先我要展示带来的两件作品原作，第一件是在两本杂志连接起来，在这个面积上撕出的一张人脸，上面人脸的线条不是画的，也就是说我的作品不需要用画笔和颜色，而是利用杂志上每一页纸上的本身的颜色，按照需要撕掉多余部分（减法）留下画面需要的颜色形成图像。第二件作品是用一本杂志撕出一个大写的拼音字母，这个作品我在 2009 年开始做的，这个系列作品是从撕字母开始的。现在我继续用电脑频幕来展示我的一些展览过的作品。

　　1. 从 2009 年开始我注意到纸张书籍逐渐被电脑上的互联网、手机频幕所取代，杂志和书籍变成了一堆多余物，我当时做了一个"找人"的展览，在展厅里我现场做了一件"找人"的作品……

　　2. 一份名叫"世界新闻报"报道了一个失踪女孩的新闻，后来找到时已经死亡，我就用报道这个新闻的杂志撕出这个女孩的形象，2013 年这件作品在意大利威尼斯双年展的平行展上展示。

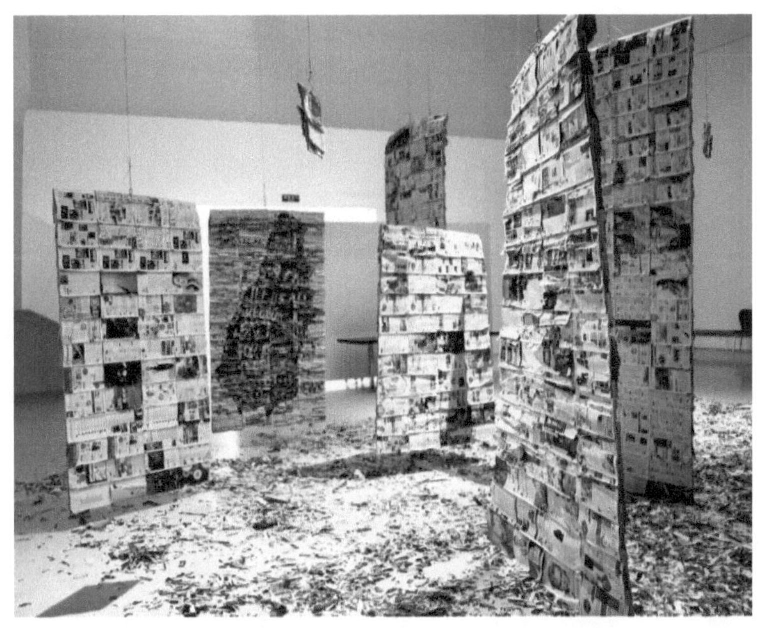

3. 这是在北京中央美院美术馆 CAFA ART 展览现场，我用杂志书籍撕出了一个图书馆。

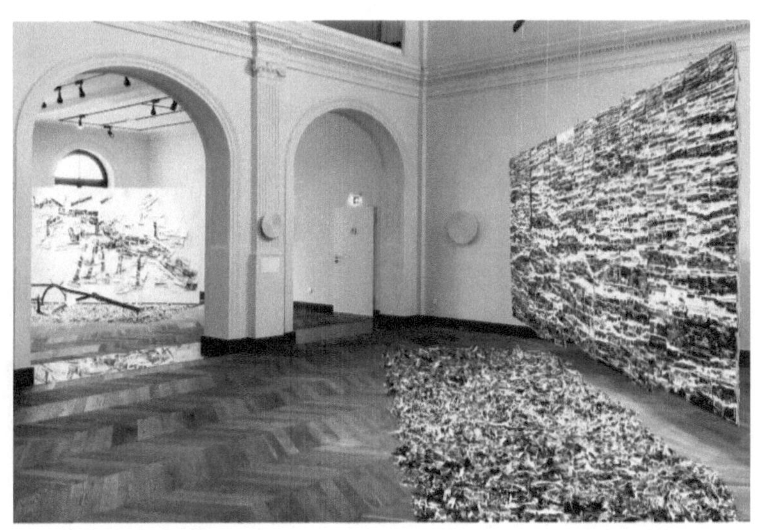

4. 这是 2018 年在匈牙利布达佩斯的个展，左边是六米宽、高两米的用杂志撕出来的大海，右边是一堆书叠起来的书的纪念碑。

5．这是 2018 年前后吧，欧洲难民潮时期，那张溺水而亡的难民小男孩子被潮水推到了沙滩上的新闻照片，我用一堆书堆积起来，从中撕出那个孩子的造型。

同时。室一件关于一次袭击教堂的恐怖事件，作品的名字为"被弄脏的圣像"之作品。

6．这是在厦门做的展览，右边是沙特记者卡舒吉被骗进大使馆后被杀及灭尸的新闻，我按照后来发布的头像照片撕出了他的形象。左边形象是一个刚去世的获得过诺贝尔文学奖的黑人作家。

这个时期，我的作品涉及了很多的新闻事件，有些报道的信息与真相是矛盾的。我的创作理念就是用我自己的方式保留信息并呈现被掩盖的事实。

7．接下来再看这件关于难民、边界、疫情等。也是与时代新闻有关的。

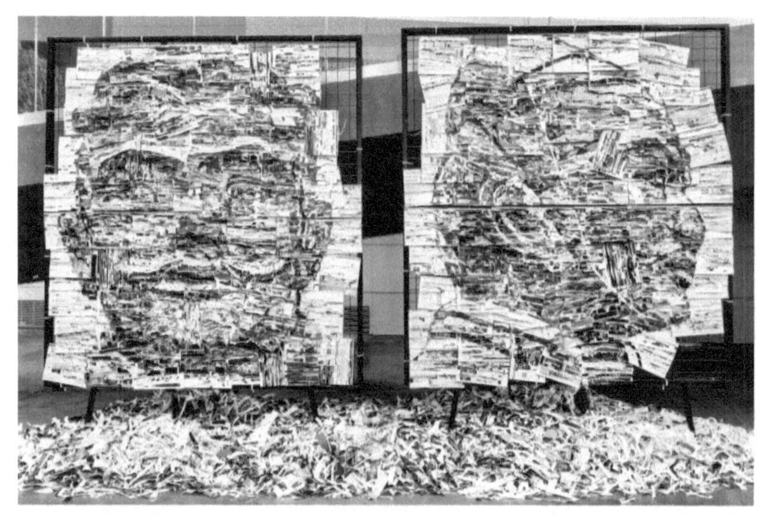

8．这是在银川美术馆的有关黄河的展览，是中央美院院长范迪安先生邀请我参加的一个关于关黄河的文化记忆的作品。

9. 这是 2019 年参加的一个展览，我利用"芥子园画谱"里程式化的图像，探讨我们的现代生活与传统文化之间的关系。

这就是我一些作品的介绍，下面希望严老师从你的角度来与我商讨……

严力：

我想知道你是在什么情况下，灵光闪现地发现能用废旧杂志和画册进行创作的？

李枪：

是这样的，2008 年我在北京，因为工作室经常搬家。

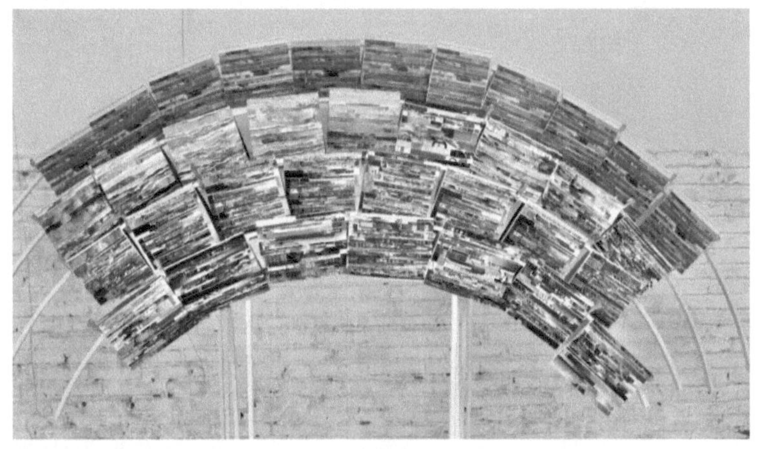

也就是在 2009 年，有一次搬家时，发现太多的画册杂志其实里面只有几张是我喜欢的图片，于是就动手把我喜欢的页面撕下来，其它就扔掉了，这样搬家也会轻松点，我在撕的过程中发现可以留下色彩、线条。于是我试着在这一页把红色留下来，把其它颜色撕掉，同样另外一本杂志我只保留黄色其它的颜色撕掉，这样就可以控制颜色了，接下来蓝色、绿色、橙色等，我就这些被撕过的杂志做了一件彩虹作品。后来诞生了字母系列，也就是用一本杂志撕出一个字母。

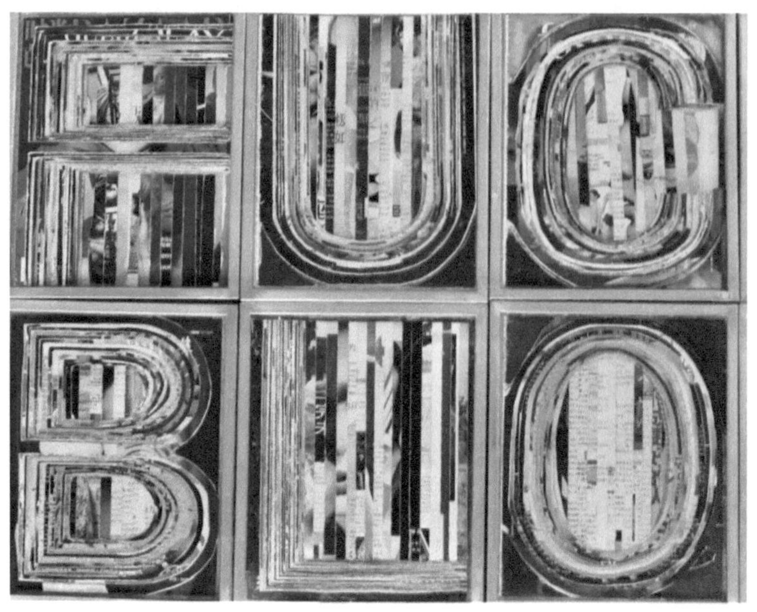

严力：

听你这么一说，我也有兴奋点啊，那是 1985 年我初到纽约几个月，就发现纽约苏荷区和东村一带的街边很多小贩在兜售二手物品，其中就有一箱箱的黑胶唱片，因为那个时期磁带和光盘已经替代了黑胶唱片，所以很多人就把积累了几十年的黑胶唱片扔掉或廉价处理了，我就想起一个美国艺术家不久前对我说过的，画画不是仅仅颜色和画布，其实材料包括所有你觉得能帮助你完成作品的，这一点应该是无限的……我就买了一箱，记得是 10 元美金，大约有六十张黑胶唱片吧。之后就是用它们进行实验，我首先把它切碎当做黑色拼贴在画布上使用，结果这个黑色比颜料的黑色更有质感也更灵动……我还把它们用开水煮软后塑造花朵、饺子，它变成了黑胶雕塑，记得一个朋友看到我的一些试验品就说，除了图像和雕塑的主题，还会令他回忆起自己听过的黑胶唱片中的某些歌。也就是说黑胶唱片承载的东西另画面多了历史记忆的层次，那时刻我也很激动的，于是黑胶唱片就此成为了我创作艺术时的材料了。至于我在观看你撕出来的艺术品时，因为材料的历史性，我会想起多少年来我翻阅书籍与杂志的动作，而这些动作又调动了我对文学内容与情节的记忆，当然也感慨被淘汰的纸媒，更感叹一个小小的手机频幕对我们阅读的垄断……。

好，下一个对你的问题是：你有没有觉得你选的这个材料特别适合表现哪一类的主题？

李枪：

我选择它后，也是在逐渐理解它更多的特质，比如撕出来的毛边、折叠的痕迹等等，另外我更觉得我自己是在表现人，这些作品因为题材、材料、历史记忆等等原因使其有了人的温度，比如兵马俑、圣母、难民、平民、总统等等。所以我在创作时会不时的面临挑战性——那就是我要审视这材料能否达到传递人文主义的温度。

严力：

刚才在你介绍一系列展出过的作品时，你还提到过杂志里面有很多新闻，有些新闻后来被证实是片面甚至不实的，你就把这个事件当做题材表现出来，我的理解是作品能促动观者重新审视那个事件，如果是这样，那就是那个原始新闻的延续，或者是又一个新闻。

李枪：

我还是强调要用材料本身来说话，记得大约在 2015 左右，艺术家艾未未看到我的作品后说：终于看到一个艺术家不用颜色来创作了。那个时候我的兴趣是用杂志里的颜色创造一张脸，但是，我现在我感兴趣的是——能不能把一张人脸变回成一堆书，这种思考就像雕塑家贾科梅蒂艺术的思考，不是把一堆泥变成了一个人，而是把把一个人的雕塑变成了一堆泥。对我来说这是一个很重要的启示。

严力：
关于你的图书馆作品？

李枪：

我的图书馆作品表面看上去是一堆垃圾，这样说吧严老师，我知道你还是一个诗人，诗人的能力是把世界变成了一堆语言和节奏，通过这种转换过程中产生出来的诗意，也是我想在用我的材料进行转换时达到的，同时把某些被遮蔽东西会呈现出来，这就是我理解我的作品与语言与图像与诗性之间的关系。

严力：

确实每个创新的东西都应该包括文化积淀，也就是有深度，不然就没有创新的价值。我听说你将参加纽约图书馆系统组织的一个艺术展，这个很有意思，因为正好与你的材料及主题合拍了，而且又是在纸媒衰退时。

李枪：

是的，应该是 2025 年的 6 月份，是邱馆长接洽的，他认为我的作品很适合展览主办方的意图，会引起思考。另外现实生活中我个人确实比较重视图书馆，重视纸媒文化。去年我去韩国光州参加的一个艺术家住留项目也是关于图书馆作品，我认为当前的阅读伴随着太多的噪音，我喜欢安静的阅读。

严力：

我看到介绍你我对话的小广告上，有对你作品"撕破脸"的说法，指的是你用杂志撕出的人脸，我的理解是：日常言语上所指的撕破脸与你所说的撕破脸是不同的，你是用杂志撕出来的脸，所以理解为，撕破表面的脸，能看见更多里面的东西。

李枪：

哈哈，脸不是脸，而是一堆书，撕破脸这个词很好玩。生活中我很少与人撕破脸……

严力：

所以你在作品里用撕脸来弥补平时不敢做的事情，或者用这个词来调侃这类人，包括你自己，哈哈。

你有没有发现用什么材料其他材料做艺术的令你印象深刻的？

李枪：

有啊，波伊斯用黄油，蜂蜡，英国艺术家马克奎恩用自己的鲜血做作品，2013 年，我在意大利威尼斯双年展上看到的。还有达明霍斯特用鲨鱼尸体来做作品的。一个艺术家就是一个厨师，是炒还是煮，或者煲，这就要体现厨师的能力了。好的艺术家就是一个大厨。

严力：

确实，我深有体会，在我用唱片进行"烹调"时，发现了它有很多可能性等待着我不断地实验和发现。几乎无止境，比颜料的可能性还要多。

李枪：

当然艺术家必须认定自己使用的材料比别人使用的材料更有可能性，中国水墨艺术家可以把

水墨玩得那么出彩，我就觉得很厉害。话说回来，艺术做到现在，什么材料都可以用，关键能否做出好的作品，不管你是用的是什么材料。

严力：

这我同意，但是我们还是要把材料的探索过程让听众们知道这条路是怎么过来的，如果今天是一群艺术家在聊天，许多东西就直奔更专业的地方去了……

李枪：

是的，开始做作品时都喜欢加法，想表达的东西很多，现在我就更倾向于用减法。

严力：

有时候我会站在观者的角度来想问题，首先要告诉观者：新材料首先是突破了旧材料的审美疲劳。比如你撕出来的图书馆，远远看过去就是真实图书馆的一个书架角落，但走近一看才发现是一对撕掉的书组合起来的，这种视觉冲击以及表现方式就会另他（她）思考里面的含义以及如此来表现的意义是什么，你创造出一个新视觉，也对观者提出了不是司空见惯的新问题。

李枪：

艺术家创造自己认为的美，标准相差很大，因为价值观和修养的程度的差别。

严力：

还有一个问题，你在国内创造作品与在国外时有什么不同？尤其是关于信息狭窄、个人独立思考等等。

李枪：

这个问题很明显，中国有地域性、官方、民间各自的传统。美国也有自己的传统，近几十年政治正确的影响很大，我认为应该注重的是人，生命的本身，艺术与爱有关，其他的都是干扰。艺术与其他学科不同，政治的、社会上有很多临时片面的主题。

思考走偏了，再往回是很难的，我觉的走向内心，自我平息干扰，比如禅宗。我希望是在作品里能找到人的痕迹，那要比教条、大合唱更靠谱，常常是一堆人一堆垃圾，必须彰显个人和经验，把记忆留下来。

严力：

那么你是哪一年来纽约的？与你一起来的太太和孩子到美国后有什么感受？

李枪：

我是 2023 年 5 月来的，马上就两年了。离开那块土地后拉远了看，感触挺多。也看到了以前看不到的某些自己，总之感受是很新鲜活跃的。另外，也交到了一些朋友，虽然不多，但包括你和邱馆长，还有另外两三个，我觉得友情是有温度的。我太太很幸运，很快就找到了工作，也很快进入了状态，对我也是一种安慰。儿子也很喜欢，因为课程压力减少很多，语言也很快就跟上了，纽约对我全家来说，有很开放的感觉。

严力：

在创作上你也肯定有一些新的方向吧，或者也会有新尝试上的失败……

李枪：

我信心是饱满的，失败也是一种经验，有些失败还让自己增加了兴奋，因为接着会增加作品的成功率。

严力：

联想到你长时间撕出作品的状态，说句玩笑的话，估计做梦时也在撕……还有一个问题，你的创作有笔记记录吗？

李枪：

我已经撕出越来越简单的自己。我常常记录的，我不少笔记，是很多年来的习惯了。

严力：

那么以后也可以出版你的笔记，配上与之相配的撕成的作品。甚至在出版之后可以把这本东西再撕出一些作品，一种循环……

李枪：

哈哈，这很有意思，你替我想好笔记的出路了，哈哈。

邱辛晔：

因为时间关系，最后我来说几句，刚才说的出版笔记后再把笔记图录撕出一个新的作品，听上去很值得期盼啊！从无到有，从有到无，对我写作也有启发，大道无形喔，先充满再筛减，经常清空自己。我还想到上海有段时间到处在拆，老墙上写满了拆字，然后就盖出了一片现代的高楼……我的意思是拆的过程也是历史，应该有所保留，这就像当年柏林墙拆掉后，很多碎裂的小砖块被包装成纪念品出售，既能记住历史还能有所盈利。至于李枪设计的作品中也有散落在作品旁的撕下来的碎屑，也可以装在玻璃瓶里出售的，也是对人类纸媒历史的纪念。

对谈时间马上要结束了，因为软件的不匹配造成的图像无法显示是一个遗憾，但是在互联网上 ZOOM 上的听众可以查到李枪的作品……我今天收到一个朋友都发来的视频，说的是澳洲已经在专研用生物神经发展电脑技术，这又将淘汰一批现在流行的软件……

还有一件事就是关于图书馆里的藏书，其实图书馆不对公众开放的书籍太多了，当你进入储存的库房，看到上百万的图书形成的壮观，真的很感叹人类专研自己以及各个领域的探索用了多么经历啊，历史是及其”可观”的，无论是单本的书还是排列的书，纸媒的历史啊一言难尽，而现在都是数码储存了，将来许多的图书馆都会变成图书美术馆，供新人类参观怀旧了……谢谢大家，谢谢严力和李枪在我们图书馆与大家分享创作经验。

诗·意·象

彭一田（北海）

象在意先

物象心意，意思是说借物喻象，以物象来表达诗人主体的心意，如同苏轼说过的"君子可以寓意于物，而不可以留意于物"。这里所说的正是借助于物象而又超越了物象，因而诗境"得之于"象"外。""现意"则是在呈现向度上的立场和气质维度的表现；"立象"和"现意"合成的"以象现意"，或者说"取象现意"则是问题的紧要所在。如果我们以变构的要求来看一首诗的话，变构是现代诗歌的基本要求。

诗人面对诗歌，本质上有一个是"我为万物所用"还是"万物为我所用"的书写立场要求。在我看来，万物本和谐，诗歌要做的只是将人类自身隐逸在万物之间，聆听自然气息和祈祷天道庇护，而不是跳将出来挟万物厮杀世界，或者和自己想象的世界搏斗。

这里举例与"立象"有关的"留白"，来阐述"立象现意"之"立象"这个属于前置性的基础问题。以禅的立场而论，"留白"是在"无"和"有"之间的、连接世界内外的一种空间要素。在一首诗里默然留白，而不是知无不言，对世界退让而不是争辩，文本形式质朴大拙而不是浓装艳抹，这些首先都是出于诗人对世界的基本态度，和书写立场。

"留白"作为技巧之一种，尤其在是历史悠久的汉语诗歌这里。但那些热衷于红尘厮杀的诗人们，在文本中胡乱填用名词和动词，以图达到雄伟响亮之效果，他们要以"它们"的名义，用主宰万物的方式来占领这世界的所有空间。

技巧实质上是另外一个层次的问题，甚至是一个不可以单独抽离出来讨论的问题。禅意藏万物，那是一个足以安置人类心态和灵魂的世界。一片叶子用在诗中要经过择捡，一处留白用在诗里应当是自然和完整的，"留白"因而成为魅力空间。

要言之：立象现意，象在意先，返物为心，意在象中，这些就是一首诗在产生过程要考虑并遵循的要领。名词不得不用，动词尽量少用，而留白是诗歌的灵魂与压舱石。在那些过分沉迷于华丽技巧的诗人们看来，"留白"之处都是无力、无用、甚至是无聊的。我曾委婉地对一位滥用名词和动词的诗人说："你这孩子，这样子大手大脚地乱花钱，回家你妈不批评你么？你自己细想不心疼么？！"

就像爱情的魅力在于灵魂的通透与情愫的忠贞，而不是炫耀肉欲淫技。流行诗坛上那些津津乐道词语花样的人很可能是诗歌形式上的"空心人"，尽管他们中有不少是"著名"诗人；由于灵魂缺失，他们作为诗人与诗歌已成为一种本末倒置的关系。流行诗坛上的众多诗文本只关心技巧层面而不是灵魂构成；只和别人比赛词语新颖、情感浓度和色彩强度之类的技巧。这首先是写作立场的问题。

以象尽意

汉语言的语言特性是象形的，象形文字的"意象之象"不但是汉语言的特质之一，而且是诗歌生成的核心元素所在，意象是诗歌的基本元素（西方诗歌常用的叙述手段只是试图抵近诗歌意象的一种方式和路径选择）。如何"取象现意"或者"以象尽意"，以及"意归何处"——不依赖于生命本能的激动型抒情式写作；尽管不可否认，发自生命本能的"抒情"是无数汉语诗人的出发之处，是他们诗歌之梦开始的地方。但我长久以来都认为，好的意象生成应来自于情绪沉淀后的冷静而不是情绪冲动现在时中的急就章。

汉语诗写的特质在于：诗文本或以意象式的顿悟，或以叙事式的渐悟展现诗意空间。顿悟多以气韵见长，渐悟每以镂刻为功。但在现实中，顿悟性文本为少数，渐悟性文本为多数，而始终没能打开诗意空间的"泛诗歌"文本有无数。汉语诗人要警惕和尽可能摒除的还有传统式的"单向度抒情"。更新意象方式是汉语诗人的一门重要的历史性课题，因为本质上，诗人是以意象方式来表现自己对世界的态度的。汉语的特性也正是它的宿命。

传统的抒情诗歌是借助于具体意象生成和发挥的，属激动型者居多。作为一种负资产，没有经由理性沉淀的意象生成方式是现代诗歌的一个首先问题。以个人的岁月记忆借由叙事情节生成意象，进而生发面向未来的，呈现诗歌世界的诗性谕示；以个人生活的细微尘埃生成诗歌意象的独有化，是当代诗人应有的修辞立场。

生命中的岁月记忆只是个人书写维度的开始，不能表示凭此就已进入了诗歌世界。如果说，散文是与现实世界平行的，诗歌则是从现实生活的终止处才真正开始。我倾向于认为，相对于散文这一体裁而言，诗歌写作作为精神方式的一种决绝式流露，是诗人所独有的气质所现。他人若模仿只能形似而无法神似，如同无法模仿历史上的八大和梵高的神韵，包括寒山子的气度。

这里的关键在于岁月记忆在意象生成中的趋向和体积。举例说，布罗茨基巅峰般的崛起是与命运抗争的结果，但布却从不拿一己命运说事，不以自己岁月历程中的那些苦难情节入诗，包括说事，诗歌在布罗茨基那里是另一个丰厚世界的呈现，是人类自我救赎精神的完整存在。正因为如此，超越了政治阶级、文化种族、艺术偏见和经济社会指数的人类良知才会被布罗茨基深深折服——布罗茨基的的精神气度无法不令全世界为之钦佩，与动容。这对于那些将诗歌用以描述一己现实生活并以此津津乐道的——包括苦难和无聊，乃至所谓幸福的——诗人当有警示作用。个人源头性的岁月记忆只是一种生态氛围，诗人对世界的建构才是意象生成的内核所在，只有新的建构方式才有可能更新旧的记忆形象。

从个人的记忆出发又回归到记忆本身，以自恋的气质、乃至在精神价值的维度上散发自傲和暴戾之气，是这个年代的流行诗歌的一个特点，也正是许多御用诗人所表现出来的特质之一。不少人以记忆性的叙事式笔调入"诗"，一离开自己的生存记忆就处于失语状态，其文本始终未能触及诗意，止步于自闭的记忆状态，这实质上已偏离了诗歌本身，甚至南辕北辙了。

在"抒情气质"成为"与刽子手联合统治"（米兰.昆德拉语）的时代，单向度的抒情意象一直起着政治意识形态"帮凶"的作用。只要想想"大跃进""文革"，和"拨乱反正"时代的那种诗歌，人们就明白了许多。从世界格局看，单向度抒情诗文本也恐怕是 20 世纪文学留下的一种巨大负资产，米兰.昆德拉曾在他的小说中借助主人公之口略带讥讽、却不无痛心地说："抒情诗人一生都在自己脸上寻找男子汉的标志"。

散文随笔

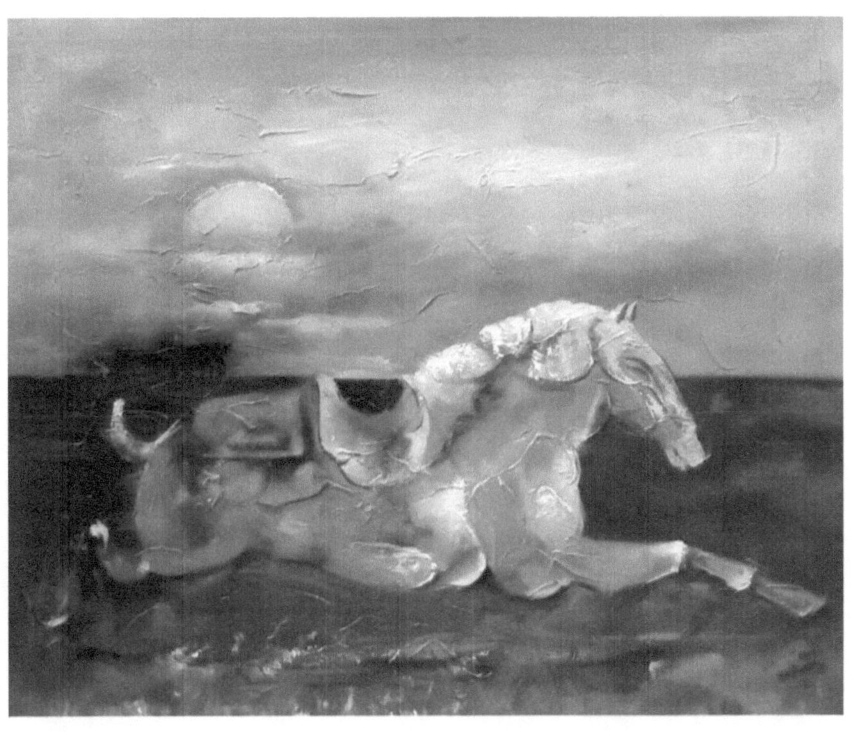

雪晓红，破晓，油画 60x50cm

一天的"世界末日"

赵彦（西班牙）

　　整整一个月四月我都沉浸在对新家里各种空间的探索之中，我简直不敢相信这里的一切都归我所有了，连一粒空气都冠上了我的姓氏，我于是捧着一本书一会儿在阁楼天窗下面坐了几分钟，一会儿在明亮的厨房和小餐厅间的桌子旁待了片刻，我甚至在还空荡荡的客厅里以一个访客的姿势坐了好一会儿，至于手上拎着的那本书则仍翻在行动前的那一页上。我之所以这么神经兮兮是在体验在不同的空间里读同一本书会有什么样的感受，是否在有些空间阅读的感觉会增殖、扩张，有些空间作者和我的某些情感都会被削弱，有些空间书籍和我可能合二为一——但经典书和新书与我贴合的方式是不一样的；有些书应该在能直接看到天空和大半个马德里"高海拔"的阁楼上读，而有些适宜在楼下，以便可以平视那些与我一起住在这座城市里的人和房子，更直接地与他们共享某些人类情感、天气和暧昧不清的未来。就这样，整整一个月，我都为我今后能够拥有至少三个不同的阅读之地而兴奋。

　　九年了，我在这里一直过着一种与人合租的日子，我反复搬家，为的是拥有一种和睦的邻里关系，我做出一副随时改变自己的姿势，有时候甚至是南辕北辙的习惯，因为某个房东会要求你将咖啡渣倒入厨余垃圾桶，有的房东希望你直接用水冲入下水道；有些室友厌恶吃剩的肉和鱼的气味，抽水马桶是它们唯一的归宿，在这种厌恶下却一周才倒一次垃圾；有些室友室内容不得一点垃圾，做所有的饭都要将锅盖盖上……在这些改来改去的"我"之中，我感觉自己已经离开了，因而住到这里之后我的第一个念头就是把折叠起来多年的自己打开，让身体显示它自然的长度。漂泊生活让我身体重量感不足，我什么都抓不住，我沉不下来因而也无法与唯物但深沉的地面融为一体。现在我终于有了自己的房子，而且是永久性的。这让我简直有些不知所措。现在我感觉自己在任何地方停下来都能听到我正在嗞嗞地长根。

早上，我坐窗明几净的自家的厨房里读唐诺在《尽头》中的一段句子：

书写者常有诸多生不逢辰的感慨，包括说得通和说不通的，包括我们是否生在一个已太安全太明亮的时代，没战争没灾难没饥饿没特殊历史的探照灯帮我们照见人种种出人意表的可能，还再加上城市化，每张脸都一闪而逝，最多如本雅明讲的持续到街角拐弯处就消失就断了线索，所以连个故事都没了云云。

我绝不同意唐诺的这段话。因为这几年我去国离乡经历了一些裂变和断层，我的生活并不明亮，也不流畅，就像在内部发生了一场海滩或其他伤亡惨重的大灾难。由于不确定性太多，不期然的故事可能每天睁开眼睛就能看到，只是它们皆以微光和低语（"微光和低语"，唐诺的语言）的方式到来，离去的时候表面上看也没有对我造成很大的伤害。但一定是有痕迹的。

很快，几秒钟之后发生的事很及时地验证了我对唐诺这个早上的不满是有道理的。我刚读完这一页将它翻过去，背后一直控制着整个家节奏的冰箱的嗡嗡声忽然就消失了，紧接着手机里的 WIFI 信号标识也不见了。我以为可能是刚才给客厅电视机柜除尘时弄掉了某根电线，折腾了半天无法起死回生后，我打开手机里的蜂窝网打电话给妹妹向她抱怨维持一个家正常运营的辛苦和不易，妹妹说，等等，我们好像也没有电了。之后我们的电话就断了，此后我再也打不通她的电话了。

虽然我以为又是我的毛糙引发了家中一场小灾难，但我还是侥幸地以为可能是我们这幢楼或我们这个区市政部门正在维修设施而我又由于刚住进来没有阅读楼下张贴的可能有的断电通告。就这样，我听任家中断电断网了几个小时，反正有书可读。我甚至为这次突发事件将我从手机上的碎片阅读和无效的电脑写作中解救出来而窃喜。掂起纸张，让游离的目光撞上那一个个轮廓清晰且笔划坚定的汉字，一小会儿一个完整的故事就能跃然脑中，多么有效的脑力劳作呵！

　　但我同时又意识到，如果不下楼我可能与这个世界就完全隔离了，因为我还没来得及认识我的邻居，由于没有网，我给唯一有联系的物业发了消息也没被阅读。马德里有几个熟人，可没不查手机号码我无法与他们中的任何一个人联系上，因为我从未将他们的电话号码记在脑中，同理，不用手机微信或 WhasApp 我也不知道他们的住址。我甚至没记住我在西班牙唯一的亲人我妹妹的电话号码和她新搬的住址。也就是说，我半个电脑子连在需要用电的手机上，一切都需要电力来运作，一旦家中无电手机无电电脑无电我整个人就是一台报废的设备。我已经由人进化到一只非常仰仗电力的机器了。我感觉这一刻和将来的生活很像某本小说里的一个篇章，不过我有点新奇，同时还有点骄傲，因为并非人人都如我一样，能在现实里深切体验小说的感觉。我的那些在中国朋友此刻就没有。

　　一直到这一刻我都还没意识到我正在面对一场举国规模的大灾难。我如常吃饭，虽然饭做到一半就停电了，但冰箱里还有小半个面包和两根香肠；我如常午睡，睡前吃了块巧克力，巧克力是几天前买的。醒来后家中仍无电，楼道里的电灯也掀不亮，邻居们都悄没声息的，整幢楼死了一样寂静。我决定先下去察明一下情况。在一楼楼梯口我碰上一个会点西语的波兰人，他用磕磕碰碰的句子告诉我，这不是一场规划好的停电，而是事故，不仅我们停电了，邻国法国和意大利也一样。我的危机意识此时还没被完美触发，我还没想到可能是战争或者网络袭击等重大因素引发了停电，因为刚才唐诺告诉我们，我们生活在一个已太安全太明亮的时代好多年了，没有战争没有灾难没有饥饿没有特殊历史的探照灯帮我们照见人种种出人意表的可能性。战争、饥饿、灾难与我们隔着电影和书籍呢，尽管俄乌战争的涟漪已探进我们的现实了，这几年的物价飞涨就是俄乌战火映衬在我们欧洲大陆不祥的吉光片羽，但我们中的大多数人还是认为我们与它隔着新闻和一个北约。一楼有一家青田夫妇开的百元店，我决定去那儿探听点更为确切的消息。在底楼门口，我看见平时这对总窝在店内的夫妇正与几个中国游客模样的人站在街边说着话。不用说，店内和我们楼道一样伸手不见五指。青田夫妇中的丈夫告诉我，停电是由法国南部的输电站起火引起的，所有的设施烧没了，可没人知道何时能修好。这个理由听上去似乎有点靠谱。我于是赶紧蹿回楼上，将家中冰箱冷藏室易坏的食物转移到尚结有冰霜的速冻层，将唯一一块蜡烛和一只打火机找出来，与用来当手电照明的旧手机和两块充电宝放在离门最近的地方。我琢磨着晚些时候散步回来在黑灯瞎火中一推开门就能摸到蜡烛或那只旧手机。电脑的电目前还几乎是满格的，无须担心，大不了这几天不写东西了。新手机没有配套的充电器，我把它设置成了飞行模式，以节省电耗。对付黑暗和彻底断电的最基本措施我都有了，我稍微松了口气。我决定今天延长在外散步的时间，好届时一回家就睡觉不用点灯看手机。

其实我还面临一个很严峻的吃饭问题：家中唯一的能源是电，烧水做饭都得用电。糟糕的是我已经没有多余的面包了，米也没有了，蔬菜几乎没买，咖啡倒是有两盒。但即使我有更多的食物仓储，没有了电也就没有了一切熟食和热饭。幸运的是我还有两百欧的现金能够应急。可在物资短缺的特殊时候两百欧根本不顶用，说不定只能吃上一顿饭。我不由得意识到未来可能会非常糟。四年前疫情封国时，由于提前得到消息我在普通西班牙人还没反应过来就开始逛市囤货，我买了很多牛奶、罐头、米、油和卫生纸放在家中，尽管后来去了南部我妹妹那儿这些食物和日用品最后都没用上。但这次我面临的却是真正的末日，因为电是我们这个文明世界的动脉和神经，病毒来了尚有口罩可遮挡，但电没了就什么都没了。我没有室友，又与最亲爱的妹妹失联，与仅有的两个在马德里朋友也在通讯上失联了……

可让当我来到街上后发现外面并没有想象中的鬼哭狼嚎，相反，人人都像过节一样憋着一口笑。幸福靠谱的日子过久了，大部分人能欢天喜地地将这种忽然的中断、意外的缺失、短暂的匮乏自己消化掉，不但消化掉，还将它们当成一份不可多得的礼物：当秩序成为一件紧身衣时，整体性的短暂失序相反成了我们的一支狂欢舞蹈，尽管没有人知道狂欢之后我们能干什么。于是当人们看到黑洞洞的无法进入的咖啡馆，看铁将军把门的超市，看到鸦雀无声的商场和被封了禁条的地铁站时每个人简直喜极而泣。当灾难平均落在每个人头上时，灾难的确不那么像灾难，甚至还有点幸福的容颜。当然了，也有乘机发泄仇恨的人，那些本来就对周末整齐有序的抗议游行、社交媒体上的讽刺挖苦刺激还到不到这个腐朽的国家机体认为反抗和嘲讽尚不过瘾的人，发现全国性停电可以成为他们咆哮的合理来由了，于是不失时机地在街上齐声干嚎"桑切斯狗娘养的"（桑切斯是西班牙首相）。的确，这是一次不可原谅的政府失职：连续五六个小时让整个国家断电，以至于短短几秒就造成许多重要电脑数据的忽然丢失，银行系统的整体崩溃，公交危险的混乱和停摆。想一想这样一个场景吧：红绿灯忽然在某个时刻全部失灵，正在街上行驶的密密麻麻的车子于是一下子变成了无头苍蝇；高铁和地铁分别骤停在地上和地下的轨道上就像忽然卡带的录像；在各种公交车站上等车不知归期的人在街上如同蝗虫一样积压，以至于造成了上千人在等候同一辆班车的灾难场景；所有的银行门口都排起了无法斩断的长龙——银行不得已启动了临时发电设施用于给人们发放应急现金；最后一刻没来得及关门的超市货架上被抢购一空……我结合事后读到的新闻，将这个傍晚看到的碎片和看不到的事故连接了起来，然后得到了上述这样一个乱象。

想像力丰富且多金的好莱坞电影早已将各类大灾难中可能发生和不可能发生的画面都在荧幕上给我们历数过了，因而在这个下午我们看到的其实只是一个低配版的好莱坞，虽然失序，但不是那么过分。也可能是因为缺少了一个英雄主角的缘故。在那些讲述一些陈词滥调的电影里，总是有一个或两个挺身而出的英雄主角来为灾难拨乱反正。但现实里没有。在现实里，灾难是一个片断一个片断呈现的，这些片断并非都能连接上，此外，在这些片断中，每个人都是救自己的英雄，而敌人则面目不清。

结局来得很快。晚上九点，当我例行散步进行到索菲亚博物馆时，也就是还有三四分钟就要到家时，所有的楼神奇地亮了起来，就像一个去世的人忽然复活。

这有点像一场虎头蛇尾的灾难片。

我其实没觉得幸福而是惋惜。因为我出门前精心准备的一切都派不上用场了。

　　事后我听说，在这六个小时的全国断电时间里，最爱欢迎的物品是一只能烧天燃气的炉子和火柴。当然六个小时只是马德里，南部我妹妹家直到凌晨两点才来电。次日所有的报纸和网站都在谈论这场荒唐的劫后余生。国家电力局和这届政府受到了人们广泛的质疑和审判，因为官方的口径是过载的太阳能导致电缆线烧毁，但在民间，网络攻击的说法仍旧甚嚣尘上，理由是两年前由于俄乌战争德国边境的输油管道曾被人为的切断过，没有道理不会在法西边境发生类似的事。的确，上世纪一战二战期间就发生过无数类似的事件：铁路桥被炸毁，粮仓被烧空，某个地区被空投致命病毒，等等，等等。就外部来说，所有的灾难都高度重复，尤其是那些战争和由战争衍生的灾害（这点唐诺说得很对）。但大问题、大灾难不止是这些，大问题不止是万恶的战争、皇朝的更迭、不可避免的自然瘟疫，还有深埋的人的知觉和人的意识。我们常常感到最难面对的，尤其是对作家和艺术家来说，并非那些可能会持续某段时间的战火、生态灾害、大停电等等，而是我们内在的无奈和困难：那些异物的融入，那些向死的短寿，那些每一次出生都是将上辈人清零的重来，那些生命并非像故事那样有头有尾，那些一个人无法拥有所有人的视角，那些所有人的视角无益看清一件最小的事情……这些属于人本质的灾难和困难没有发生的具体时间，没有解方，不会结束，也从来不会是六个小时。

　　但这也算是一日的"世界末日"了吧，或者说一日的"西班牙末日"。

旧院子

陈东（天津）

（一）

　　搬到楼房以后，不像住在平房和有一个自家的旧院子的时候，不用去公共厕所了，自家的单元房里，干净舒适，干爽通风，没有平房的到冬天的阴冷潮湿，住平房时春天化冻以后，墙的返潮，潮湿出半人高的水印。可是住在楼房里，我总是心疼洗菜的水，就这么白白地流进厨房的水盆里。住平房的时候，我是一定要存在水桶里，用来浇花。我偏执地认为给花浇水的时候，营养要全面，所以刮土豆的皮，削茄子的皮，摘豆角的两边的尖和丝，菠菜芹菜的根，我都连着洗菜水浇进自家院子里的花坛里。那段时间院子里没修好下水道，倒脏水需要提着桶倒到院外的一个地方，一大家子人，我不会做饭，不会做其他家务，就喜欢倒脏水，这活简单，不用动脑子，不需要技巧，做不错，而且其实不累，因为，我喊着口号说我负责干这又脏又累的活啊，你们都别管，咔咔地拎起脏水桶，乎乎地往院外走，其实，趁着父母和姐弟不注意，我都倒在了花坛里，这样主要为了花长得好，水充足，次要的是自己省劲儿，反正我是信了。多么包容的花坛啊，我怎么浇它也不会让脏水溢出来，好像一起赶紧吸溜着使劲喝水，竹竿引着扁豆角往上长，还有粉色喇叭花，还有鲜红的鸟松，最好看的是几棵草茉莉，五颜六色，甚至一朵花上都好多颜色，而且越到傍晚我们一家人都在家人很齐的时候，越开得旺盛，香气也特别浓郁。

　　青春期的我，闲书看多了，多愁善感，有点忧郁症，总觉得白天是苍白的白色的时间，夜里是寂静的黑色的时间，只有傍晚，彩色的草茉莉花，给我带来彩色的时间。多厚道的花啊，我偷懒倒的脏水它们甘之若饴，全不在意，倒多了也连忙吸溜往上吸水分，不让脏水溢出来，怕把我的偷懒暴露了。我也对它们疼爱又加。

那天，我偶然发现，顺着竹竿长了一人多高的扁豆角，从根上断了，不知谁碰的，心疼，赶紧把土堆高一点，把断茎也埋进土里，不忍心看它这样断着，一别两望，近在一厘米或相隔几万里。神奇的是，它竟然一直继续花繁叶茂，而且还结了很多扁豆角，我把这事记下来，写成了顺口溜：藤蔓/刚长到一墙高/被谁剪断/我把断茎埋进土里/不忍看那裸伤/那藤蔓继续生长/始终叶茂花繁/我知道它是报答我/用盛开的花/当作勾通的语言。特别喜欢本地的这种扁豆角，它有一种特别的野生的泥土气息的味道。下雨的时候，整个院子湿漉漉的，好像这些花是老天爷养的，老天爷负责浇水，不管是我们种的花，还是老天爷种的草。雨后，空气像新出生的，清新。房沿滴滴哒哒地往下滴着雨水，滴到下面的花坛里，滴在彩色的草茉莉花上，有一个翠绿的小蚂蚱，卧在一朵草茉莉花芯里，雨星迸溅在四周，滋润花，也滋润它。晚上，学习累了，我就喜欢到院子里，看彩云追月，看满天繁星。

秋天的时候，夜里蟋蟀声此起彼伏。和媳妇搞对象的时候，她家也是住平房，也有一个旧院子，记得有一次下大雨，雨后，夜里，院子里还积水到膝盖，我趟水进来，寂静的夜晚，哗哗的水声，奇怪的是，还是有很多蟋蟀的叫声，应该在下雨的过程中，安全转移到高地了。有一次我晚上回来，院子里蟋蟀声非常热闹，我轻轻敲门，因为怕打扰岳母和她妹妹休息，我尽量轻轻敲门，可是这一院子的蟋蟀，好像都竖起耳朵倾听，一下子整个院子瞬间安静，直到门开开，我进屋，蟋蟀们才又叫得热闹起来。

结婚后，我们住三楼，女儿两三岁的时候，那年入秋，厨房里不知怎么进来一只蟋蟀，一到晚上就叫。媳妇说，你听，厨房有一只蟋蟀，女儿也好奇和兴奋，晚上，我们就听它清脆的叫声。那时我们没怎么装修，地面还是水泥的，厨房也比较简陋。我对媳妇和女儿宣布，现在起，咱家厨房划分为自然保护区，保护蟋蟀，这段时间不做饭了，不去厨房。媳妇说我是精神不正常，神经病。但是下班后，三口一起去爷爷奶奶家吃饭，不用她做饭，也不错。我们去爷爷奶奶是非常高兴的，会换着花样给我们做好吃的，而且对孙女爱不够，欢声笑语，其乐融融。

（二）

月夜，小院里，空中圆圆的月亮，宁静安详，澄明清秀，细碎成群的薄云，在它面前浮过，游向深邃无边的宇宙，月亮的仪态神情温柔清纯，深情的望着人间，深情的诉说着心事。小院的葡萄架丝毫不动，沐浴着月光，葡萄的叶子和新茎像剪影一般，把影子投到墙上，简简单单的月亮，冷冷清清的小院，慈爱和温馨布满了天空。院子的地面被月亮照得泛白，树叶树枝，葡萄藤叶和须子的黑色影子，映在地面上，就像宣纸上画的水墨画，它们的生命故事和优雅意趣给我留下了无尽的想象空间。院子的花坛里，还种着很多美人蕉花，鲜红大红为主，还有黄色和很多种颜色，大方的大朵的花，连绵不断地开，此起彼伏总也开不败。还有很多月季花，花瓣就像细腻的面容。夜晚，院子越寂静，花香越浓郁。那个时候，没出过远门，没离开过家，世界就是家、学校、院子，上班以后，世界就是家、单位、院子。不知道别人是怎么生活的，自己站在月下的自家的旧院子里，平淡无聊闭塞单调孤独寂寞，自己就像井底之蛙，想象着，此时，世界各地，祖国各地，各种各样的人，各种不同的环境里工作和生活的人，一定都像电影和小说里的人们一样，如火如荼的激情澎湃，美好浪漫，有意义有价值的事业。这样想象着，向往着，憧憬着。后来有一个援藏的机会，去西藏工作两年，兴奋地报名，经历了在异乡的各种体验，怀念一家人在一起的温馨的日子。再后来，各种出差，去各地，包括租住不同的小区的房子，接触各种各样的人，理解和认识人和人性，体会到各种各样的人其实也有他们的各种各样的烦恼。夜晚的寂静，或夜晚的孤独和失眠，对很多人都是一样的，有多少人能修炼得像一个高僧，能做到四个字，吃饭，睡觉。心无牵挂，不惹尘埃，想睡就能睡着，想吃就能吃得下。现在岁数越来越大，时常被年轻人喊大爷，回想起青春年少时候和全家人住在平房旧院子，夜晚看院子里的圆月，那时以为自己多孤独，现在才知道，那时多么幸福啊，而当时却身在福中不知福，自寻烦恼。就像自己写的顺口溜：年轮/看到年轮的时候/树已经倒了/感动幸福的时候/已成回忆了。

冬天的时候，雪花落到院子里，如果有什么话，想对雪花说，就趁它在空中的时候，等它落到院子里的地上，再对它说什么话，它也不会飞起来。最难相处的就是雪花，而我多么犯贱，偏偏喜欢雪花，喜欢棉花不好吗，温暖的可以摸，可以抱，可这雪花，无法靠近，用温热的手去接，晶莹好看的雪花到了手心，瞬间化成水。上初中的时候，曾经看到飞进教室落到窗台上的雪花，晶莹剔透，造型对称奇幻瑰丽，精美绝伦，但是它只活在空中，来到人间，哪怕我仔细看看它，它都会害羞地融化。

（三）

旧院子里的春天是怎么来的呢，先是朝阳的角落里冒出野草的绿芽，在土乎乎的旧院子里，从无到有，和后面从有到长高，是不一样的冲击力，很突然的感觉，让我觉得春天是跳着来的，发神经似的，出其不意。种向日葵籽，种美人蕉花球，很久才发芽，又让我感觉春天是飘摇婀娜着来的，走的很慢，一步三摇。一年四季，春天这个季节不一样，不是其它三个季节从有往上长，而是从没有到有。所以，不管是怎么来的，都是好的感觉。就像那次，约好了女朋友第一次到家里来，父亲做了很多菜准备，母亲各种布置准备，全家人都很重视地准备迎接。我骑着自行车去接她，女朋友临时变卦，不能来了，我就自己骑着自行车又回来了，大概全家人都很失望吧，但是都什么也没说，一切如常。可是，我回到家说她不能来了，全家人的脸色还是些许有些变化的，我在院子里，和院子里的花说这件事，它们的表情就丝毫没有变化，还是在阳光下那么灿烂地微笑，一副没心没肺的样子。傍晚，在院子里，我就想，女朋友这第一次没有来，就像种的美人蕉花球很久也没发芽，也不知能不能发芽。

旧院子里的春天，只要来了，不管这春天是什么样，都是让人喜欢的，哪怕它蓬头垢面，哪怕它不梳洗打扮，可它是春天啊，怎么看也不觉得它俗气，怎么看也不让人反感，粗服乱头，不掩春色，只要是春天，怎么来都好。

　　一首歌的开始是音乐，先是音乐前奏，后面是歌，春天的花和草是歌，春天还没来的时候，春节刚过，表面上看，旧院子和冬天一样，只是空气温暖了，温暖的空气里带着春天的气息，好像是歌曲的前奏音乐，花坛里的花，开花的时候，就是春天在唱歌了。

　　如果宽泛地说，春天最早的时候，直接就是大红色的，野草的绿芽，都是后来的。因为，从春节前，无形的春天，就以有形的大红色显现出来。到集市，或者农贸市场，到处都是红红的，红对联，红纸福字，吊钱儿，窗花，红元宝花，红的华服。超市里也是上上下下都红红火火的，人也很多。市场摊位上，还有摆满了红袜子红裤衩红背心红秋衣秋裤的货架，红袜子散摆着，红裤衩也是挂着标签散成一堆，红秋衣秋裤，本来在塑料袋里的纸板上，有很多被野蛮挑选的顾客拆开了，散放着一堆，顾客太多，摊主忙得顾不过来，也没人管。这些红背心红裤衩，好像因为春天到了，自己发芽了，从塑料袋里长了出来。

　　小时候糊里糊涂的记过一些口号，好像是宁要社会主义的草，不要资本主义的苗。不知是不是自己误记了，反正自己偏执地不舍得拔花坛里的草，基本上让草和花都一起自由生长。所以旧院子里的花坛是芳草萋萋，野草葳蕤。傍晚的时候，院子里也是"疏影横斜水清浅，暗香浮动月黄昏。后来，女儿三岁左右的时候，和我说话，冒出来一句：小草，是太阳把它带大的。是啊，孩子的思维不受局限，我怎么就没想到可以这么说呢。

病友三章

黎权（青岛）

舌尖现象

玉米比高粱更讲规矩，他们是大地上笔直站立的哨兵。高粱红着脸，有点像河道上喊着号子的艄公。

我只讲一颗玉米，他伏在车辙慌乱的十字路口哭泣，因为春天将至，他却丢了记忆。

一阵风快速穿过十字路口，又退回到玉米身边，把哭声还给了他。

请停住你的哭声，别生气，别着急，别焦虑。安静下来，只要还记得相信自己，一切就会如儿歌里唱的：跑掉的，可以拽回来；丢失的，替你找回来；出走的，自然会返回；抢走的，让他还回来。

你想不起来的东西，都会在静下来的日子里重新出现，像玉米粒一样金黄金黄地，整整齐齐地，让你随意点名，随呼随应，随叫随到。它们像图书馆里的书籍一样团结在一起，你将拥有世上最为和美的玉米棒子。

记住你是玉米，不是高粱，河水不会将你连根拔起。请离开十字路口，回到自己的土地里去。请停住你的哭声，静下来，静下来……

不要只把我当作一阵风，我还是你肉体里的精神。我在跑，你要稳得住。

湿 疹

森林，完美得像一个人浑圆的童年。猎人和他的狗，奔逃之路上的猎物，都各得其所。

有一天，古老的汉字在一根残留的树桩上摔了一跤。"風"的一撇，沿着左上角的裂痕折断，又被另一阵风刮走。虱子，趁机占领了猎狗的身体。

智慧的鼻子和灵动的耳朵，被肉体上瘙痒的黑夜所囚禁。但利齿依然凶残，狠狠刨向茂密丛莽的底下，那块常有爬虫游走的皮肤。

一个野心，指向另一个野心，终于刨出了肉体与灵魂的窟窿。

猎狗曾经统领的森林，被频繁传至神经中枢的信号所占领。抓挠，使森林出现一个又一个豁口，老猎人经历了无数个难眠之夜。相比他身上的湿疹，所有的瘙痒都异曲同工。

瘙痒，是爬虫贪婪的号角，在猎狗身上传递，在森林里传递，在逃向城市的猎人们当中传递。被激活的神经末梢，引导手指一路狂奔。抓挠的连锁反应，制造了这一场毁灭森林的恶性循环事件。

BMI 大于 35

香姐的父亲被发现时，已经饿死了。一个寒冷的冬天，他独自外出打猎（或者是去捕鱼）。

我问葡萄什么时间最好？香姐说饥饿的时间最好。然而，葡萄最好的时间，与好吃的时间，并不是同一个时间。

父亲去世多年后，香姐如愿以偿有了一家包子铺。包子让她开始积累财富，一年比一年多。包子让她丈夫的 BMI 超过了 35。

丈夫身体的病变，让香姐明白了肥胖症与饥饿症是同一种疾病。

她改口说：葡萄好是葡萄的事；葡萄好吃，却不是葡萄的事。

我出生后就会向香姐乞讨食物。她知道我什么时间饿得厉害，总会及时喊我去吃她的包子。我终身也不能忘记这份恩情。

以我饥不择食的童年而言，世上没有不好的葡萄。以我节俭成瘾的中年而言，葡萄不应该有好坏之分。而富裕如此的今天，每一粒葡萄都生不逢时。

香姐的丈夫快要死了，医生说他罹患代谢紊乱，还有内分泌系统方面的重疾。身边人陆续离去，她慢慢参透了其中的玄妙奥秘——生与死只隔一个"吃"字。

有些年景，人们仔细掂量葡萄的升糖指数和食用禁忌，仿佛在拷问一个惯犯。但是香姐说，葡萄不是死因，吃葡萄才是。

她无时无地不在用眼睛盯着我，将我从饥饿盯到温饱，从瘦弱盯到肥胖。

她用看透生与死的眼睛，一遍遍警告我。她说死不是一个人的死，而是一群人的死。一种病情高峰过去的时候，另一种病情的高峰就会如期来临。

2025 阿姆斯特丹马勒音乐节·音乐朝圣之旅（一）

——与马勒大师的灵魂对话

张意（Eve Zhang，加州）

五月的阿姆斯特丹，郁金香盛开，空气中弥漫着春天的香气与艺术的悸动。这座城市迎来了历史上第三届马勒音乐节——一个为马勒痴迷者献上的音乐盛宴，也是一场跨越时空的精神对话。据说今年阿姆斯特丹共吸引了来自 56 个国家超过五十万名游客，我有幸成为其中之一，亲历这一场 once-in-a-lifetime 的音乐朝圣之旅。

阿姆斯特丹是马勒音乐节的诞生地。1920 年 5 月 6 日至 21 日，在马勒去世九周年之际，荷兰指挥大师威廉·门格尔贝格（Willem Mengelberg）带领皇家大会堂管弦乐团（Royal Concertgebouw Orchestra，简称 RCO），在九场音乐会中完整呈现了马勒的十部交响作品（包括未完成的第十交响曲部分）。这是音乐史上的一场盛世，也奠定了阿姆斯特丹作为"马勒第二故乡"的地位。门格尔贝格和马勒在《第四交响乐》总谱上留下的字迹还挂在 Concertgebouw 走廊上。两位音乐家的缘分起自 1903 年马勒在德国首演《第三交响乐》，门格尔贝格当下被马勒的音乐感动，并对马勒说，今后你所有的交响乐作品都欢迎来荷兰演出。第二年，马勒应邀来到阿姆斯特丹，指挥了他的《第三交响乐》并陆续指挥过第一、第四第七等作品，并住在门格尔贝格家。他们有过很亲密的交流，马勒对这位犹太裔指挥家对音乐的理解大为赞赏。也可以说，门格尔贝格是最早举办马勒音乐节的关键人物。

　　时隔 75 年，1995 年阿姆斯特丹举办了第二届，而原定 2020 年的第三届因疫情延迟五年。今年，虽然纽约爱乐和维也纳爱乐遗憾缺席，但柏林爱乐、芝加哥交响乐团、NHK 交响乐团和布达佩斯节日乐团的加盟，构建出一幅恢弘的交响宇宙。音乐依旧伟大，灵魂依旧回响。乐队和观众中一些老人对 30 年前第二届音乐节的盛况记忆犹新。

地狱山上的幽魂对话

　　音乐节五月九日在皇家大会堂音乐厅（Concertgebouw）拉开帷幕，首场演出即是当代瑞典作曲家安德斯·希尔堡（Anders Hillborg）的世界首演新作《地狱山》（Hell Mountain）——一部向马勒致敬的现代交响诗，由 RCO 携手巴黎管弦乐团、奥斯陆爱乐与芝加哥交响乐团联合委约完成，年轻指挥家克劳斯·梅凯拉（Klaus Mäkelä）执棒。

　　《地狱山》并非简单的"模仿"马勒，而是一次音响的考古与重塑。作曲家原本试图避开马勒的直接引用，却在创作过程中，逐渐被马勒的幽魂所俘获：从第十交响曲尖叫和弦的隐现，到第三交响曲中铜管的呼唤、第七夜曲的神秘氛围，乃至《大地之歌》中东方式的浮影……这些碎片若隐若现地穿梭于微分音的织体之中，如梦似幻。

　　开篇，复杂的和弦层层展开，如光影在海面跃动，令人想起利盖蒂（György Ligeti）的"远处"（Lontano）。音乐如水面上闪耀的涟漪，每个音符仿佛都有自己的呼吸节奏与命运高潮。在最后的片段，双簧管轻轻奏出下降四度音程——那正是马勒《第一交响曲》中最具标志性的动机之一，如一道时空的回声，把我们带回马勒的宇宙边缘。

　　梅凯拉的指挥是结构与情感的双重魔术。他用呼吸雕刻旋律，用沉默压缩张力，他的发丝随着韵律在舞动，面部的表情有声有色，他的口型在歌唱，似乎在精准提示低音鼓那邦邦邦的节奏。在他的诠释下，《地狱山》成了一座"听觉的山峦"：深沉如地壳震动的低音提琴、风起云涌的木管群、如同生物一般涌动的音响生长。音乐厅仿佛暂停了时间，观众屏息静听，在最后一个音符消散后的短暂寂静中，他那一缕被汗水打湿的发丝半掩着前额，一尊美男指挥家的塑像定格在舞台上的聚光灯下，成了交响乐团舞台艺术的一道风景。全场仿佛与马勒的灵魂同频共振。

　　这不是一场音乐会，而是一场仪式，一场灵魂附体的仪式，而我早已在音乐的涛声中丢失了灵魂。

第一交响曲：记忆的回声

　　下半场，梅凯拉继续指挥马勒的《第一交响曲》，RCO 再次展现了其与马勒作品之间几乎血脉相连的默契。这部作品不仅是马勒交响宇宙的"奠基石"，更是他童年记忆的诗意复写。我特意选了舞台背后的阳台区（Terrace），从那里可以近距离观察指挥的肢体语言与乐手的呼吸节奏。特别对打击乐部位看得非常过瘾！梅凯拉的肢体语言极具表现力，某些段落甚至让部分乐手隐于台后，使《葬礼进行曲》的主题如远处逼近的送葬队伍，诡谲而富有张力。

　　第一乐章如晨曦初露，弦乐泛音中仿佛透出森林的气息。单簧管模拟布谷鸟鸣叫，圆号中悄然响起童谣旋律——马勒童年曾被父亲遗忘独自留在森林，他呆坐原地，只为倾听自然的声音。那段回忆，仿佛注入了整部作品的灵魂。

　　第三乐章，"两只老虎"的荒诞变奏令人拍案。定音鼓如心跳般缓缓推进，隐喻着死亡的阴影。而最终乐章，铜管群以近乎暴烈的力量将风暴推向顶点。但梅凯拉却在终结处做了内敛处理，没有一味追求声响，而是呈现出一种更具哲思的克制与深沉。

　　令人敬畏的是梅凯拉指挥几乎不低头看纸谱，他把总谱早就记在脑海中了。

音乐节之外：一座城市的仪式感

　　音乐厅的设计细节令人惊艳。二楼，玻璃天窗光照如暖房的休闲厅，有着养心悦目的花卉吊篮。酒吧对观众免费开放，提供红白葡萄酒、热茶、咖啡和杏仁饼干，全部使用玻璃器皿，节目单以二维码替代纸张，实现近乎无死角的环保理念。

　　而真正最奢侈的，其实是这座城市为音乐所留下的静默与尊重。没有手机响起，没有剥糖纸声，整个空间仿佛为马勒的灵魂预留。我想，这是一次真正意义上的朝圣。（未完待续）